rororo sport
Herausgegeben von Bernd Gottwald

Wolfgang Schöllhorn

Schnelligkeitstraining

Die Sprint- und Laufschule für alle Sportarten

Unter Mitarbeit von Peter Hurth
und Luis Mendoza

Mit Fotos von Horst Lichte

rororo
Rowohlt

Redaktion Katrin Helmstedt

Originalausgabe
Veröffentlicht im Rowohlt Taschenbuch Verlag GmbH,
Reinbek bei Hamburg, Oktober 1995

Umschlaggestaltung Peter Wippermann/Jürgen Kaffer
(Foto: Bongarts Sportfotografie)
Layout Angelika Weinert
Grafik Matthias Wagner und Wolfgang Schöllhorn
Satz Sabon PostScript, PM 5.0
Gesamtherstellung Clausen & Bosse, Leck
Printed in Germany
1990-ISBN 3 499 19417 1

Inhalt

Wozu Sprinttraining?

Vor allem im Sport ist es von entscheidender Bedeutung, schneller zu sein als andere. Wer schneller ist, kann seinem Gegner im Angriff davonlaufen, ist in der Abwehr vor seinem Gegner am Ball, erreicht im Tennis mehr Bälle und ist beim 100-m-Lauf zuerst im Ziel. Die Entwicklung des Sports in den letzten Jahren weist eine generelle Zunahme der Spiel- und Laufgeschwindigkeiten auf. Neben der höheren mittleren Laufgeschwindigkeit werden während eines Spiels auch längere Wegstrecken zurückgelegt. Kam in den 60er Jahren im Fußball ein Mittelfeldspieler noch durchschnittlich auf 5 km, so werden heute bis zu 11 km pro Spiel erzielt (PALVAI 1973, EKBLOM 1986) und dabei auch mehr Strecken in höherem Tempo (EKBLOM 1986).
Obwohl der Geschwindigkeit im Sport, und hier in erster Linie der Laufgeschwindigkeit, eine enorme Bedeutung zukommt, verwundern die lange Zeit sehr einseitigen Anstrengungen zu deren Steigerung durch Kraft. Vor allem in Spielsportarten, die teilweise über mehrere Stunden (z. B. Tennis) gehen, sind übermäßige Kraftzuwächse für die Gesamtleistung eher hinderlich, da sie meist auch mit einer Gewichtszunahme verbunden sind. Vergleicht man zusätzlich in nahezu allen Spielsportarten die Wege, die mit Ball (< 1 %) zurückgelegt werden, mit denen ohne Ball (> 99 %), so überrascht ebenso der vergleichsweise geringe prozentuale Anteil des Trainingsaufwands für die spezielle Verbesserung der Laufgeschwindigkeit durch Koordinationstraining. Dabei führt eine verbesserte Lauftechnik nicht nur zur Steigerung der maximalen Laufgeschwindigkeit, sondern ermöglicht auch ein ökonomischeres Laufen bei geringeren Geschwindigkeiten. Die ‹eingesparte Energie› steht dann vor allem gegen Spiel- oder Wettkampfende noch länger für kontrollierte Bewegungen zur Verfügung. Durch die länger kontrollierte Bewegung werden auch Ausweichbewegungen vermieden, wie sie oft bei Freizeitjoggern zu beobachten sind, d. h. durch eine funktionelle Lauf- und Sprinttechnik wird langfristig Fehlbelastungen und Verletzungen vorgebeugt.
Die leistungssteigernde Wirkung von einfachen Koordinationsübungen auf die Sprintleistung wurde bereits vielfach gezeigt. Schon die Ergänzung des Trainings

durch wenige Lauf-Koordinationsübungen zeigt deutliche Verbesserungen der Sprintleistungen im Handball, Hockey oder Fußball (Binz et al. 1987, Kuchenbecker et al. 1992, Weber et al. 1992). Weiteres Training ohne sprintspezifische Koordinationsübungen führt wieder zu einer Verschlechterung der Sprintleistung (Mücke et al. 1992).

Zur Steigerung der Laufgeschwindigkeit und Ökonomisierung der Lauftechnik werden jedoch noch leider allzuoft Koordinationsübungen durchgeführt, ohne deren eigentlichen Sinn und Wirkung zu kennen. Koordinationsschulung ‹degeneriert› nicht selten zu zeitaufwendiger Beschäftigungstherapie. Sehr häufig bilden eigene Sprint- und Lauferfahrungen sowie die subjektive Beobachtung anderer Athleten die einzige Grundlage für die Auswahl und Art der Übungen. Unbestritten sind auch bei dieser Vorgehensweise Erfolge zu erzielen. Da aber sowohl die eigene Erfahrung als auch die eigene Beobachtung äußerst subjektiv und dadurch oft fehlerbehaftet sind, führt sie bei Anwendung auf einen Athleten mit anderer Bewegungserfahrung und anderen anatomischen Voraussetzungen meist nicht zum erhofften Ziel und häufig noch zu unerwünschten Nebeneffekten.

Ausgehend von den funktionell-anatomischen und muskelphysiologischen Bedingungen des Menschen sowie den biomechanischen Gesetzmäßigkeiten, werden daher im folgenden Kapitel zunächst die Wechselwirkungen und Funktionsweisen der Bewegungselemente beim Sprint erläutert.

Die theoretischen Grundlagen für das Erlernen solch komplexer Koordinationsabläufe wie der Sprintbewegung werden anhand von informationstheoretischen und neurophysiologischen Organisationsprinzipien in dem Kapitel «Zum Bewegungslernen» diskutiert. Aus der Selbstorganisation und Plastizität des Gehirns werden grundlegende Regeln zum Erlernen von komplexen sensomotorischen Prozessen abgeleitet. Wichtigste Vorgehensweise ist dabei eine variable Trainingsgestaltung, die auch den engen Zusammenhang von sensomotorischem Lernen und Koordination verdeutlicht.

Die funktionelle Zuordnung spezieller Koordinationsübungen zu Teilaspekten des Sprint- oder Laufschritts erfolgt im Kapitel «Die Sprint- und Laufschule». Durch gezielte Variation, Kombination und Intensivierung der Koordinationsübungen wird ein vielseitiges Übungsrepertoire aufgezeigt, das sowohl dem Anfänger als auch dem fortgeschrittenen Sportler das Erlernen einer dynamischen und funktionellen Sprint- bzw. Lauftechnik ermöglicht. Grundlegendes Prinzip ist dabei die individuelle Ausbildung von stabilen Bewegungsmustern ohne größere Fremdlast. Es soll dadurch die vorhandene Muskelkraft eines Athleten durch verbesserte Koordination effektiver genutzt werden.

Die Koordinationsübungen betonen jeweils Aspekte der gesamten Sprint-/Laufbewegung. Der Sprintschritt wird somit nicht in einzelne Teile zerlegt und anschließend wieder zusammengesetzt, sondern es wird bei jeder Koordinationsübung die Aufmerksamkeit auf einen Aspekt der Bewegung gelenkt, ohne dabei den gesamten Bewegungskomplex zu vernachlässigen. Die Vorteile dieser Vorgehensweise sind funktioneller (a–c) wie gesundheitlicher (d) Natur:

a) Zusammenwirkende (synergistische) Muskelgruppen werden stets gemeinsam aktiviert und entlastet – im Unterschied zu häufigen Formen des Krafttrainings, bei denen meist jede Muskelgruppe einzeln trainiert wird. Dadurch wird die intermuskuläre Koordination im Vergleich zur intramuskulären stärker funktionell gefordert.
b) Durch die Vielzahl an verschiedenen Übungen kann sich im zentralnervösen System selbstorganisierend die für jeden Sportler optimale Technik herausbilden.
c) Die Verschiedenheit der Übungen erschwert den Aufbau von ‹Geschwindigkeitsbarrieren›.
d) Der passive Bewegungsapparat (wie Knochen, Bänder) wird stets in der adäquaten Form mitbelastet und kann sich daher gleichzeitig an die steigende Belastung anpassen. Beim aktiven Bewegungsapparat (Muskulatur) werden Anpassungszeiten von vier Wochen angenommen, bei Sehnen und Bändern drei bis sechs Monate und bei Knochen und Knorpel bis zu einem Jahr (Hefti et al. 1975, Maffuli et al. 1992). Gehen wir davon aus, daß das System Sportler lediglich so gut ist wie sein schwächstes Element, so bedeutet dies, daß sich bei Betonung des Krafttrainings der aktive Bewegungsapparat (Muskel) schneller an größere Belastungen anpaßt als der passive (Knochen, Knorpel, Schleimbeutel) und dieser zur Schwachstelle des Körpers wird. Dies äußert sich unter anderem in der zunehmenden Anzahl an orthopädischen Problemen bei Freizeit- und Leistungssportlern. Analoge Probleme sind bei ‹falscher› Lauftechnik zu beobachten.

Aufgrund der entscheidenden Bedeutung, die dem Start und den ersten Schritten in den Spielsportarten zukommt, ist ein zusätzliches Kapitel speziellen Übungen zum Start- und Beschleunigungsvorgang gewidmet. Durch die vielseitigen Übungsformen wird geschult, daß beim Ablauf (Start) mit dem ganzen Körper und aus unterschiedlichsten Positionen schnell kräftig reagiert wird. Dabei sind in erster Linie Reaktionsübungen mit unterschiedlichen Reizformen (optisch, akustisch und taktil) und unterschiedlichen Reaktionen (Rolle vorwärts, rückwärts, seitwärts, vorwärts laufen) und diese stets in Verbindung mit dem folgenden Beschleunigungsabschnitt dargestellt.

Ergänzt wird die funktionelle Sprint- und Laufschule durch ein Gymnastikkonzept, das auf anatomischen und biomechanischen Bedingungen des menschlichen Bewegungsapparats beim Sprint basiert. Zentraler Bestandteil dieses Konzepts ist, den Belastungen des Sprints und Laufs entsprechend, das Prinzip der diagonalen Koordination. Basierend auf der Untergliederung des muskulären Zusammenspiels in Muskelsynergiezonen, werden neben funktioneller Gymnastik vor allem Übungen zur Gleichgewichts- und Stabilisationsschulung sowie Bewegungskombinationen vorgestellt. Die Übungsformen sind auf sprintspezifische Belastungen des gesamten Körpers ausgerichtet, d. h. es wird nicht jeder Muskel einzeln ‹behandelt›, sondern immer seiner Funktion entsprechend in Kombination mit anderen Muskelgruppen. Die Belastungen sind bei zahlreichen Übungsformen absichtlich intensiver als bei üblicher funktioneller Gymnastik für Alltagsmotorik und in der Krankengymnastik, da auf wesentlich größere Belastungen während des Sprints und Laufs vorbereitet werden soll. Vor allem soll einseitigen Belastungen und daraus resultierenden Verletzungen vorgebeugt werden.

Abschließend werden Trainingsprogramme mit koordinativem Schwerpunkt im Anfänger- und Fortgeschrittenenbereich vorgestellt, die sowohl in der Saisonvorbereitung als auch während der Saison in Spielsportarten und in der Leichtathletik Anwendung finden.

Anatomisch-funktionelle Voraussetzungen

Zum Sprint

Betrachten wir gemeinsame Aspekte unterschiedlicher Erscheinungsformen des Sprints, von der Reizwahrnehmung bis zum Erreichen des Ziels, so lassen sich die in Abbildung 1 dargestellten Abschnitte erkennen, die sich gegenseitig beeinflussen:

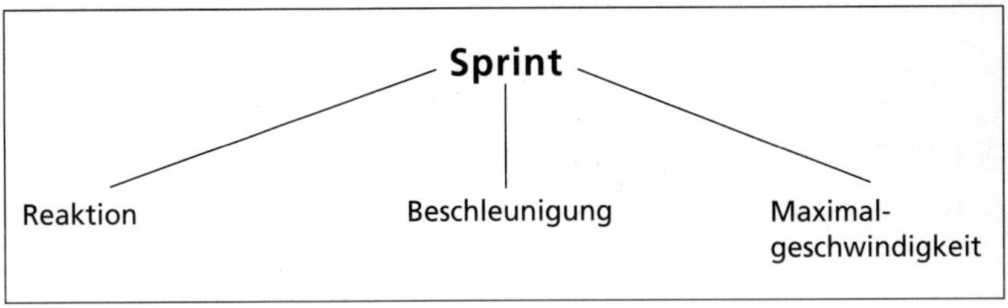

Abb. 1: Abschnitte des Sprints

In der Darstellung und Erläuterung der funktionellen Zusammenhänge beim Sprint nehmen die Beschleunigung und die Maximalgeschwindigkeit eine zentrale Stellung ein.

Der *Abschnitt der Reaktion* umfaßt sämtliche Prozesse von der Reizwahrnehmung bis zum ersten meßbaren Muskelaktionspotential. Die Reaktionszeit als ein Maß für die Qualität des Reaktionsabschnitts ist dabei von mehreren Faktoren abhängig, die unterschiedlich beeinflußbar sind. Während die Nervenleitgeschwindigkeit genetisch bedingt und daher nicht trainierbar ist, lassen sich die Übertragungsgeschwindigkeiten an den Schaltstellen zwischen zwei Nerven bzw. zwischen Nerv und Muskel (synaptischer Spalt) durch Training verbessern. Die Produktionsstätten der Überträgerstoffe weisen eine Art Gedächtnis auf und produzieren bei häufiger Beanspruchung vermehrt Überträgerstoffe (Kandel et al. 1991). Auch die Fähigkeit, auf unterschiedliche Arten von Reizen eine entsprechende Reaktion auszuwählen sowie diese Reaktion mit maximaler willkürlicher Anstrengung durchzuführen, sind durch Training längerfristig zu verbessern.

In diesem Zusammenhang wird jedoch zusätzlich auf Spezialliteratur zum Bereich der kognitiv-psychologischen Trainingsmethoden, wie autogenes oder mentales Training, verwiesen (SEILER et al. 1994).

Der *Abschnitt der Beschleunigung* beginnt mit der ersten Muskelaktion und dauert bis zum Erreichen der maximalen Geschwindigkeit.

Der *Abschnitt der maximalen Geschwindigkeit* ist im allgemeinen die zeitlich kürzeste. Sie endet mit dem ersten Geschwindigkeitsabfall.

Primäres Ziel der beiden letzten Abschnitte bzw. eines Sprintlaufs ist das Überwinden einer bestimmten Strecke in möglichst kurzer Zeit. Der Beginn der Strecke ist dabei jeweils durch die Ausgangsposition des Athleten festgelegt. Das Ende der Strecke kann sowohl ein zu erreichender Ball (im Tennis etc.) oder Gegner (im Fußball, Handball etc.) als auch die Ziellinie beim leichtathletischen Sprintlauf darstellen. Das Ziel, eine Strecke schnell zu überwinden, ist gleichbedeutend mit dem Erreichen einer möglichst großen mittleren Laufgeschwindigkeit.

Einen Ansatzpunkt zur Steigerung der mittleren Laufgeschwindigkeit liefern biomechanische Einflußgrößen der Laufgeschwindigkeit wie Schrittlänge und Schrittfrequenz. Zwischen der *mittleren Laufgeschwindigkeit*, der *Schrittlänge* und der *Schrittfrequenz* eines Sportlers besteht eine funktionelle Abhängigkeit, d. h. die mittlere Laufgeschwindigkeit v ist das Produkt aus mittlerer Schrittlänge l und mittlerer Schrittfrequenz f : $v = l \times f$. Die Schrittfrequenz wird dabei in Schritten pro Sekunde [1/s] und die Schrittlänge in Meter [m] angegeben. Macht ein Sportler beispielsweise 5 Schritte pro Sekunde mit einer Länge von 2 m, so bewegt er sich mit einer mittleren Laufgeschwindigkeit von 10 m/sec. Bei Steigerung der Laufgeschwindigkeit durch diese beiden Einflußgrößen besteht jedoch ein Problem. Sowohl die Schrittlänge als auch die Schrittfrequenz sind voneinander abhängig und führen nur bei individuell optimaler Abstimmung zur maximalen Laufgeschwindigkeit. Werden die Schritte zu lang gezogen, so leidet die Schrittfrequenz übermäßig darunter, wird die Schrittfrequenz zu sehr gesteigert, führt dies oft zu kleineren Schritten und zu einer geringeren Laufgeschwindigkeit.

Um die Laufgeschwindigkeit zu erhöhen, sind theoretisch drei Kombinationen der beiden Einflußgrößen möglich:

- die Schrittlänge und die Schrittfrequenz werden gesteigert,
- die Schrittlänge wird so stark vergrößert, daß dadurch die Abnahme der Schrittfrequenz kompensiert wird,

– die Schrittfrequenz wird so stark gesteigert, daß dadurch die Abnahme der Schrittlänge kompensiert wird.

Je nach Konstitution und Vorerfahrung des Sportlers wird er sich durch das Sprinttraining eine der drei Kombinationen zur Steigerung der Laufgeschwindigkeit individuell aneignen. Die Gestaltung des Sprintschritts bezüglich seiner Länge und Freqenz hängt dabei von funktionell-anatomischen, muskelphysiologischen und biomechanischen Einflußfaktoren ab, die wir im folgenden erläutern werden. Zur systematischen Darstellung werden Teilaspekte des Sprintschritts betrachtet, die keine isolierten Untereinheiten darstellen, sondern sich gegenseitig beeinflussen. Hierzu wird der Sprint-Laufschritt zunächst in eine Stütz- und eine Schwungphase unterteilt. Diese können je nach relativer Lage der drei Segmente Unterschenkel-Oberschenkel-Rumpf weiter in eine jeweils vordere und hintere Stützphase bzw. hintere, vordere und eine abwärts gerichtete Schwungphase unterteilt werden (Abbildung 2, Seiten 20/21).

Die *vordere Stützphase* beginnt mit dem Bodenkontakt und endet mit Erreichen des minimalen Kniewinkels (Amortisations-/Zugphase).
Die *hintere Stützphase* beginnt mit dem Öffnen des Kniewinkels und endet mit dem Lösen des Fußes vom Boden (Abdruckphase).
Die *hintere Schwungphase* beginnt mit dem Verlassen des Bodens und endet mit Erreichen des minimalen Kniewinkels (Phase des Anfersens).
Die *vordere Schwungphase* beginnt mit dem Verlassen des Bodens und endet mit Erreichen des minimalen Hüftwinkels bzw. der maximalen Höhe des Knies (Phase des Kniehubs).
Die *abwärts gerichtete Schwungphase* beginnt mit dem Absenken des Oberschenkels (Vergrößerung des Hüftwinkels) und endet mit dem Aufsetzen des Fußes auf dem Boden (Phase des Greifens).

Die aufgeführten Grenzen der einzelnen Phasen dienen lediglich einer groben Strukturierung und stellen keine funktionell getrennten Einheiten dar. Sie weisen vor allem zwischen benachbarten Phasen starke Interaktionen auf. Alle fünf Phasen zusammen bilden einen *Einzelschritt.* Werden sämtliche Phasen vom linken und rechten Bein durchlaufen, so sprechen wir von einem *Doppelschritt.* In Analogie zur Phaseneinteilung werden auch die Schwerpunkte der späteren Koordinationsübungen zugeordnet.

Berücksichtigen wir bei der Ausführung eines Sprint-/Lauftrainings bestimmte anatomische und muskelphysiologische Voraussetzungen sowie physikalische Gesetzmäßigkeiten, so können die vorhandenen Energievorräte effektiver genutzt und die Art und Weise der Fortbewegung kann zweckmäßiger gestaltet werden.

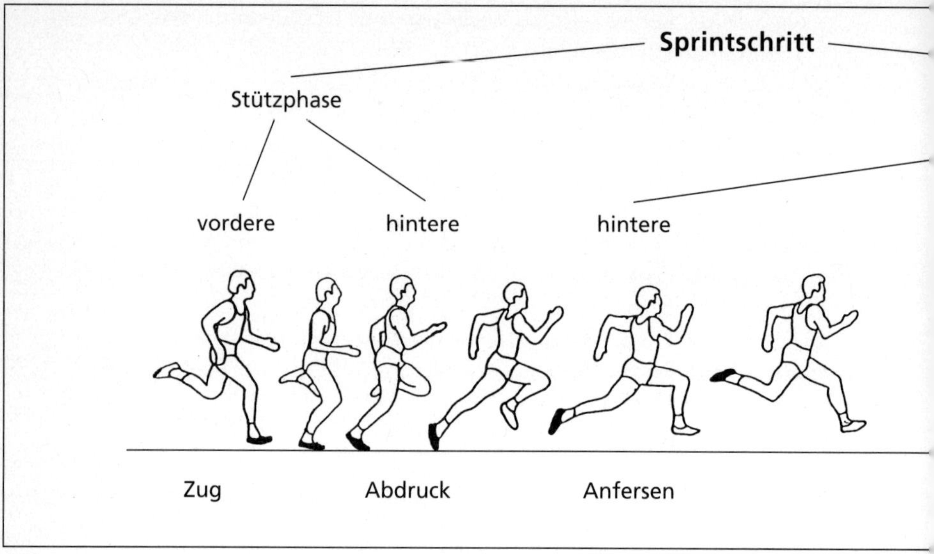

Abbildung 2: Phaseneinteilung eines Sprintschritts

Physikalisch-biomechanische Voraussetzungen

Zur Erläuterung der Funktion und Zusammenhänge der Bewegungen in den einzelnen Phasen werden im folgenden die wesentlichen anatomischen, muskelphysiologischen und physikalischen Prinzipien eines Einzelschritts dargestellt. Mit den folgenden Grundlagen soll keine Gewichtung der Phasen vorgenommen werden, da jede einzelne Bewegung nur einen Teil der komplexen Sprintbewegung darstellt und es nur bei optimaler Koordination aller Elemente zu einer optimalen Ausschöpfung der Reserven des Sportlers kommt. Deshalb sollten die physikalisch-biomechanischen Grundlagen auch nicht unabhängig von den folgenden funktionell-anatomischen und muskelphysiologischen betrachtet und als sich gegenseitig ergänzende Grundprinzipien der Fortbewegung verstanden werden.

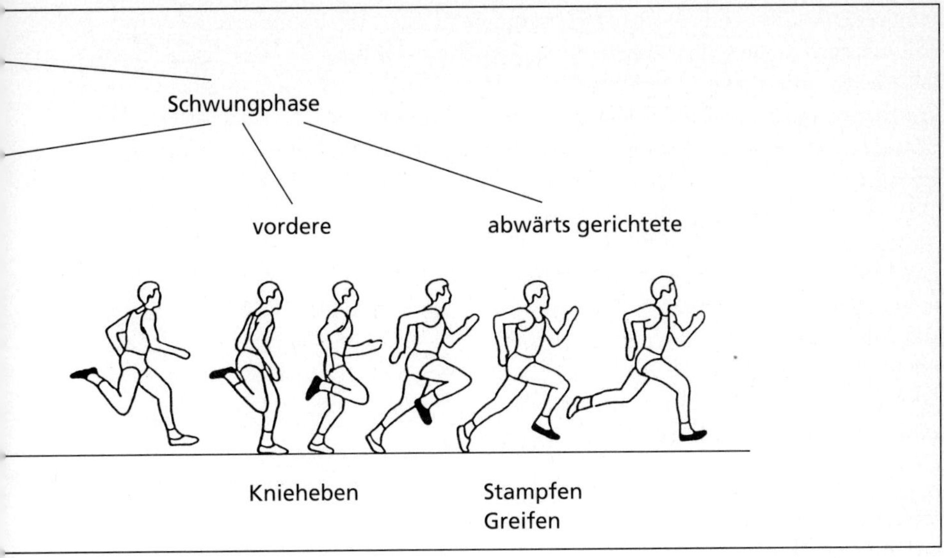

Die wesentlichen physikalischen bzw. biomechanischen Grundlagen des Laufschritts beziehen sich auf:

- Hebel,
- Impuls-/Drehimpulserhaltung,
- Wechselwirkungsprinzip (Aktion und Reaktion).

Zum Hebel

Hebel kommen am menschlichen Körper in zahlreichen Formen vor und dienen in erster Linie dem Heben von Lasten. Die einfachste und häufigste Form ist der einarmige Hebel mit einem Körper (Arm oder Bein), der frei um eine Achse (Schulter- bzw. Hüftgelenk) drehbar ist und einer Kraft, die außerhalb der Drehachse angreift. Die Kraft F_M, die aufgebracht werden muß, um den Hebel im Schwerefeld der Erde statisch horizontal zu halten, ist von mehreren Größen abhängig. Neben dem Gewicht des zu haltenden Körpers (Hebels) G und der Erdanziehungskraft g (zusammengefaßt zur Gewichtskraft $F_G : F_G = G \times g$) sind die Entfernung des Kraftangriffspunkts I_M und die Entfernung I_G des Körperschwerpunkts von der Drehachse bestimmend für die aufzubringende Kraft. Abbildung 3 zeigt schematisiert einen Hebel am Hüftgelenk. Der Einfachheit halber ist nur eine Muskelgruppe (M. iliopsoas) am Schwungbein zur Hüftbeugung eingezeichnet. Um das Bein bei hängendem Unterschenkel in der Waagerechten zu halten, muß der Athlet durch den Muskel folgende Kraft aufbringen:

$$F_M = G \times g \times l_G / l_M = F_G \times l_G / l_M$$

Nehmen wir für die Hebellänge l_M des Muskelansatzes 10 cm an, für die Hebellänge des gebeugten Beins l_G^X = 50 cm und des gestreckten Beins l_G = 65 cm sowie für die Gewichtskraft F_G des Beins 150 N, dann ergibt sich beim gebeugten Knie eine Muskelkraft von ca. F_M^X = 600 N und im gestreckten Fall ca. F_M = 1000 N, die von der Hüftbeugemuskulatur aufgebracht werden muß, um den Oberschenkel in der Horizontalen zu halten.

Abbildung 3: (a) Hebel am Hüftgelenk bei gestrecktem Knie
(b) Hebel am Hüftgelenk bei gebeugtem Knie

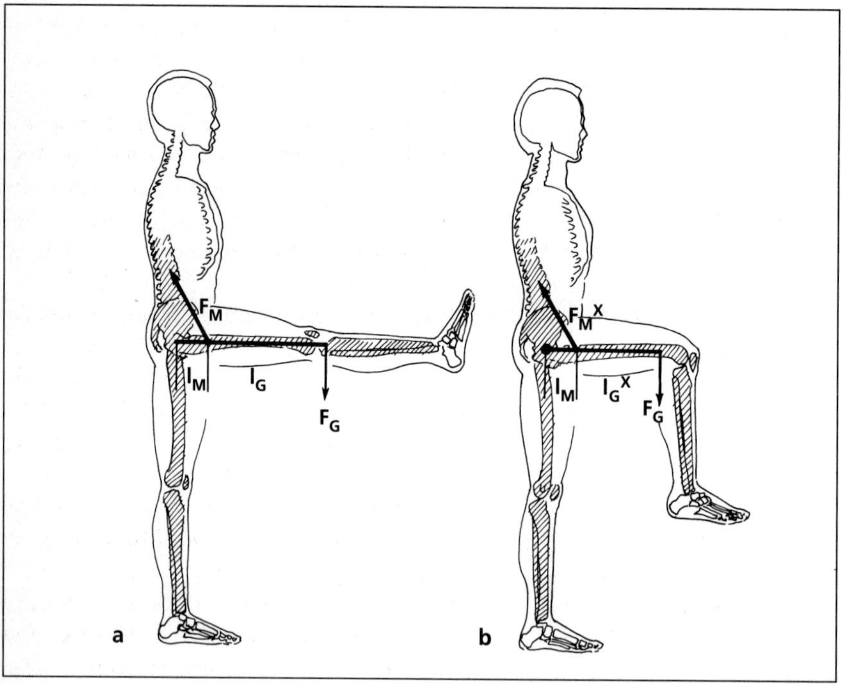

Demnach kann der Sportler von diesen biomechanischen Einflußgrößen nur eine unmittelbar durch seine Bewegungstechnik bzw. Haltung beeinflussen, nämlich die Entfernung l_G des Körperteilschwerpunkts von der Drehachse. (Die Möglichkeit, die Kraft F_M des Muskels durch Training zu erhöhen oder das Gewicht G des Beins durch Ernährung und Muskelmassenänderung bzw. die Hebellängen l_G und l_M durch Wachstumsprozesse zu verändern, sind für die vorliegende Betrachtung weniger von Bedeutung und werden hier nicht behandelt.) Er kann durch Strecken bzw. Beugen der Extremität im Gelenk die Hebellänge vergrößern bzw. verkleinern. Zum Beispiel wird die Entfernung des Beinschwerpunkts zum Hüftgelenk durch die Haltung des Unterschenkels verändert. Ist das Knie abgewinkelt (Abbildung 3 b), so ist die Entfernung des Beinschwerpunkts wesentlich geringer als bei gestrecktem Kniegelenk (Abbildung 3 a), d. h. je mehr das Kniegelenk gestreckt wird, desto größer ist die vom Hüftbeuger aufzubringende Kraft, um das Bein zu heben. Kann diese Kraft vom Athleten nicht aufgebracht werden, kommt es meist zu Ausweichbewegungen und dadurch zu einer Abnahme der möglichen Vortriebskraft (vgl. auch Wirkungsbereich der Muskellänge). Die Hebellänge beeinflußt also die Bewegungsgeschwindigkeit.

Wird z. B. beim Sprinten in der Schwungphase der Unterschenkel zu früh vorgestreckt, dann kann der Oberschenkel in den wenigsten Fällen bis zur Waagerechten angehoben werden, wenn die Hüftmuskulatur auf der Stützbeinseite das Becken stabilisiert. Wird das Schwungbein doch bis zur Horizontalen angehoben, so geschieht dies meist durch Aufrichten des Beckens und eine Rundrückenhaltung im Lendenwirbelbereich, d. h. die funktionelle Lendenlordose wird zu einer Lendenkyphose. Oft wird das Becken schon zu Beginn des Hebens aufgerichtet, um die beinhebende (= hüftbeugende) Muskulatur stärker vorzuspannen und das Schwungbein höher zu heben. Der Kniehub wird also durch die beckenaufrichtende Gesäß- und Bauchmuskulatur unterstützt, die dadurch schneller ermüdet und in ihrer eigentlichen Funktion der Rumpfstabilisierung und Hüftstreckung langfristig beeinträchtigt wird. Zusätzlich wird mit dem Aufrichten des Beckens die hintere Streckung des Stützbeins in der Hüfte und im Knie eingeschränkt und damit eine optimale Kraftübertragung verhindert, d. h. die Schrittlänge reduziert. Dies wird oft an einem ‹sitzenden Laufstil› erkennbar.

Der Zusammenhang zwischen der muskulär aufzubringenden Kraft und der Hebelveränderung kann auch sehr gut zur Kräftigung der Muskulatur im Trainigsprozeß genutzt werden. Durch gezielte Veränderung der Körper- bzw. Extremitätenhaltung können verlängerte Hebel für spezifisches Krafttraining eingesetzt werden. Wird dies bei laufähnlichen Bewegungen praktiziert (vgl. Die Sprint- und Laufschule), so spricht man auch von disziplinspezifischem Krafttraining. Das Ausnutzen der Hebelgesetzmäßigkeiten in der Gymnastik und der Dynamik in den weiterführenden Übungen ersetzt in weitem Maße das Training mit großen Fremdlasten (Gewichten). Das ‹Krafttraining› mit dem eigenen Körpergewicht und möglichst disziplinspezifisch wird im vorliegenden Buch unter anderem aus langfristig gesundheitlichen Gründen favorisiert, da das Gewichtstraining meist aufgrund der schnelleren Anpassungszeiten der Muskulatur zu einem Mißverhältnis zwischen aktivem und passivem Bewegungsapparat führt, d. h. der Muskel adaptiert schneller an größere Belastungen als der ‹passive› Sehnen-, Band- und Knochen-Knorpelapparat (Maffulli et al. 1992).

Zur Drehimpuls- und Impulserhaltung

Hebelverhältnisse spielen nicht nur in statischen Positionen eine wesentliche Rolle, sondern sind vor allem bei der Bewegung von Körpern um Drehachsen von Bedeutung. Durch das Entfernen und Annähern von Körpersegmenten an die Drehachse (Vergrößern oder Verkleinern des Hebels) wird das Trägheitsmoment des Gesamtkörpers bezüglich der Drehachse verändert. Das Trägheitsmoment ist ein Maß für den Widerstand eines Körpers, der bei einer Drehbewegung überwunden werden muß. Wird ein Segment von der Drehachse entfernt, so vergrößert sich das Trägheitsmoment und entsprechend umgekehrt. In engem Zusammenhang mit dem Trägheitsmoment Θ ist bei Drehbewegungen die Winkelgeschwindigkeit ω zu sehen. Wirkt auf ein drehendes System keine äußere Kraft, so bleibt das Produkt aus Winkelgeschwindigkeit und Trägheitsmoment konstant, d. h. der Drehimpuls bleibt erhalten (Drehimpuls $= \Theta \times \omega, =$ const.).
Zur Veranschaulichung dieses Zusammenhangs soll ein Beispiel aus dem Eiskunstlauf dienen, die Eiskunstlaufpirouette. Hält die Eiskunstläuferin bei der Pirouette die Arme vom Körper weit weg, so ist das Trägheitsmoment groß und die Geschwindigkeit, mit der sie sich dreht (Winkelgeschwindigkeit), klein. Werden dagegen die Arme vor dem Rumpf verschränkt, d. h. an die Drehachse angenähert, so ist das Trägheitsmoment entsprechend kleiner und die Drehgeschwindigkeit größer. Das gleiche Prinzip gilt auch für das Anfersen beim Sprint/Laufschritt in der Schwungphase. In angeferstem Zustand ist das Bein wesentlich schneller nach vorne oben zu bringen als bei geöffnetem Kniewinkel, d. h. die Hüftwinkelgeschwindigkeit (Drehgeschwindigkeit des Schwungbeins um das Hüftgelenk) kann durch den Kniewinkel beeinflußt werden. (Das Anfersen muß dabei nicht aktiv erfolgen, sondern kann durch entsprechende Trägheitskräfte bedingt sein. Da der Unterschenkel am Ende der Stützphase eine nach hinten oben gerichtete Geschwindigkeit aufweist und mit dem Lösen vom

Boden der Oberschenkel schnellstmöglich nach vorne oben gezogen wird, erfolgt das Anfersen gewissermaßen ‹passiv›, durch Ausnutzen der Trägheitskräfte.)
Der Drehimpulserhaltung bei Rotationsbewegungen entspricht bei linearen Bewegungen das Prinzip der *Impulserhaltung*: Auch hier soll ein einfaches Beispiel der Veranschaulichung dienen: Stößt eine Kugel A mit einer anderen ruhenden Kugel B gleichen Gewichts zentral zusammen, so bleibt nach dem Zusammenstoß Kugel A liegen und Kugel B rollt mit der Geschwindigkeit weiter, mit der Kugel A ankam. Ähnliches geschieht, wenn beide Kugeln mit einer Schnur verbunden sind und Kugel A sich von Kugel B entfernt. Entfernt sich Kugel A von Kugel B, dann bewegen sich, sobald die Schnur gespannt ist und gespannt bleibt, beide Kugeln mit der halben Geschwindigkeit der Anfangsgeschwindigkeit von Kugel A weiter, d. h. ein Teil des Impulses von Kugel A ist auf Kugel B übertragen worden, der Gesamtimpuls blieb erhalten (Abbildung 4 oben). Das Produkt aus Masse m und Geschwindigkeit v eines Körpers wird als Impuls ($p = m \times v$) bezeichnet. Ersetzen wir die Schnur durch ein Gummiband oder eine Feder,

Abbildung 4: Prinzip des Impulstransfers

dann hängt die Endgeschwindigkeit beider Kugeln zusätzlich von der Elastizität und Länge des Gummibands bzw. der Feder ab, da stets ein Teil der Energie in Wärme umgewandelt wird. Die Geschwindigkeit der Kugel B hängt also von dem Gewicht, der Geschwindigkeit der beiden Kugeln vor dem Zusammenprall und von der Verbindung ab. Ersetzen wir Kugel A durch die Arme, Kugel B durch den Rumpf und das Stützbein sowie die Schnur durch die Muskulatur, die die Arme am Weiterbewegen hindern, so ist das physikalische Beispiel leicht auf der Sprint zu übertragen (Abbildung 4 unten). Dieses Beispiel gilt auch für die Beine als Schwungelemente.

Für den Sprintschritt bedeutet dies, daß der Impuls der Arme und der des Schwungbeins auf den Körper übertragen werden, sobald die Muskulatur angespannt wird, die ein Weiterbewegen der Arme und des Schwungbeins verhindert. In dem Moment, in dem die Arme bzw. das Schwungbein am Umkehrpunkt abgebremst werden, wird der Bewegungsimpuls der Schwungelemente auf den restlichen Körper übertragen. Der Körper wird regelrecht ‹hinter den Armen hergezogen›. Die Größe des Impulstransfers hängt sowohl von dem erzeugten Bewegungsimpuls der Schwungelemente ab als auch von der Stärke des Abbremsens (Impulsänderung) am Umkehrpunkt. Unter Berücksichtigung der Drehimpulserhaltung wird deutlich, daß der erzeugte Bewegungsimpuls nicht nur von der Geschwindigkeit abhängt, mit der der Arm bzw. das Schwungbein nach oben geschwungen wird, sondern auch von der Arm- bzw. Beinhaltung. Mit gestrecktem Ellbogen bzw. Knie kann bei geringerer Geschwindigkeit ein ebenso großer Bewegungsimpuls erzeugt werden wie mit gebeugten Armen bzw. Beinen und größerer Geschwindigkeit. Koordinativ sind beim Sprint im allgemeinen die Haltungen der Arme und Beine den individuellen Möglichkeiten der Muskulatur anzupassen. Langfristig ist eine Verbesserung der notwendigen Muskulatur anzustreben, was durch die später aufgeführten Übungen gefördert werden soll.

Zum Wechselwirkungsprinzip

Die letzte physikalische Grundlage bezieht sich auf das Wechselwirkungsprinzip (= 3. Newtonsches Axiom). Es besagt, daß zu jeder Wirkung (Kraft) eine gleich große, ihr entgegen gerichtete Wirkung gehört (actio = reactio). Steht also ein Mensch mit 80 kg auf dem Boden, so wirkt auf die Unterstützungsfläche eine Kraft von ca. 800 N. Da der Untergrund im allgemeinen starr ist bzw. das System Erde – Mensch sich im Gleichgewicht befindet, wirkt an der Unterstützungsfläche eine Reaktionskraft mit gleichem Betrag, jedoch entgegengesetzter Richtung. Um den Sportler vom Boden abzuheben, muß die Kraft größer als 800 N werden (Abbildung 5). Diese Kraft kann beim Sprint jedoch nur vom Athleten selbst aufgebracht werden.

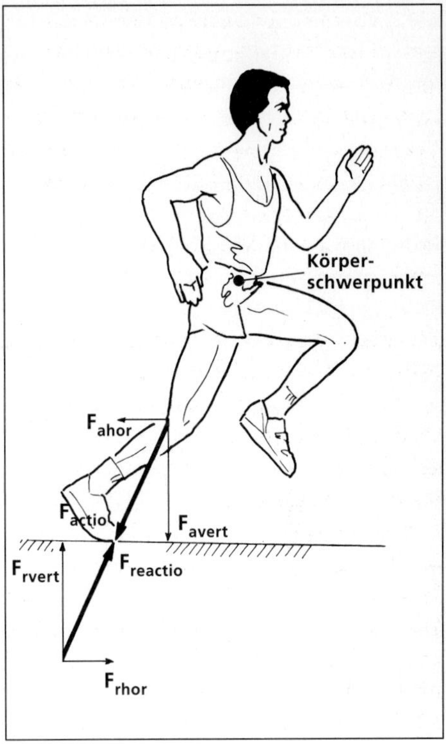

Abbildung 5: resultierende F_{actio}, horizontale F_{ahor} und vertikale F_{avert} Aktionskraft und Bodenreaktionskraft $F_{reactio}$

Auf die Sprintbewegung übertragen bedeutet dies, daß der Untergrund an den Sportler nur soviel Kraft zurückgeben kann, wie er in Richtung Untergrund abgibt. Werden allerdings dabei die höheren Gelenke nicht steif gestellt, so wird die gesamte Energie lediglich in Wärme des Fußes und Unterschenkels umgewandelt und dient nicht dem Vortrieb. Wird die Kraft F_{actio} nicht senkrecht nach unten, sondern vom Sportler aus nach hinten unten gerichtet, so dient die aufgebrachte Kraft nicht nur dem Entfernen von der Erdoberfläche durch F_{avert}, sondern auch dem horizontalen Vortrieb durch F_{ahor} (Abbildung 5).

Um die notwendige Kraft zu erzeugen, die den eigenen Körper vom Boden abhebt oder nach vorne beschleunigt, stehen im Prinzip zwei Möglichkeiten zur Verfügung:

- eine aktive Streckung bzw. aktives ‹Durchziehen› des Stützbeins unter dem Körper,
- die Schwungelemente Arme und Schwungbein.

Werden also die Arme durch Muskelkraft nach oben bewegt, führt dies zu einer entsprechenden Reaktionskraft, die in entgegengesetzter Richtung, nämlich in Richtung Boden, wirkt. Da die Kraft zum Anheben der Arme und des Schwungbeins von der Schulter- bzw. Hüftbeugemuskulatur aufgebracht wird,

wirkt von diesen Gelenken aus die Reaktionskraft über den Rumpf und die Beine auf die Stützfläche. Ist der Untergrund fest, löst die von der Schultermuskulatur verursachte Reaktionskraft am Boden wieder eine entgegengesetzte Kraft aus, die zu einer Vergrößerung der Schrittlänge führt.
Voraussetzung für eine möglichst verlustfreie Kraftübertragung auf den Boden ist eine entsprechende Rumpf- und Beinmuskulatur, die den Rumpf bzw. das Stützbein während der Aufwärtsbewegung der Schwungelemente ausreichend stabil hält. Ist die Muskulatur des Stützbeins nicht kräftig genug, der Reaktionskraft ‹standzuhalten›, führt dies zu einem Einknicken im Hüft-, Knie- oder Sprunggelenk und dadurch zu einem Energieverlust, der nicht zum Vortrieb genutzt wird. Ist die Rumpfmuskulatur zu schwach, kann dies neben dem Energieverlust auch zu Verschiebungen der Wirbelsäule führen und bei häufigerem Auftreten zu Verletzungen und orthopädischen Fehlhaltungen.
Damit der Impuls und die Reaktionskraft, die durch die Schwungelemente verursacht wurden, dem Vortrieb optimal dienen, müssen die Aufwärtsbewegung und das Abbremsen während des Bodenkontakts stattfinden. Wird die Bewegung der Arme bzw. des Schwungbeins in der Flugphase ausgeführt, bewegen sich lediglich andere Teile des Körpers nach unten, und die Kraft kann ohne das Widerlager des Bodens nicht zum Vortrieb genutzt werden.
Sowohl die Impulsübertragung als auch das Prinzip der Gegenwirkung können auf einer einfachen Körperwaage mit Zeiger ausprobiert und demonstriert werden. Bewegt man aus ruhigem Stand die gestreckten Arme schnell nach vorn oben, so zeigt die Waage zunächst ein größeres Gewicht (Kraft) an. Sobald die Arme abgebremst werden, geht der Zeiger bis unter das eigentliche Körpergewicht (KG) zurück. Je schneller die Arme nach oben bewegt werden, desto stärker ist der Ausschlag. Je schneller die Arme angehalten werden, desto weiter geht der Ausschlag der Waage unter das Niveau des Körpergewichts. Bei sehr schneller Ausführung der Aufwärtsbewegung und abruptem Anhalten kann es sogar zum Abheben von der Waage führen. Diese hier nach oben gezeigte Wirkung kann leicht eine horizontale Komponente bekommen, wenn man den gesamten Körper etwas nach vorne fallen läßt. Mit diesem Beispiel läßt sich gleichzeitig sehr gut veranschaulichen, daß die Arme aus der Schulter bewegt werden müssen und nicht nur im Ellbogengelenk. Ebenso liefert ein um 90 Grad geöffneter Ellbogenwinkel weit größere Reaktionskräfte als ein eng anliegender Unterarm.
Die Wirkung der Armarbeit kann auch ohne Körperwaage auf jedem festen Untergrund durch zwei einfache Übungen demonstriert werden. Ein Trainer sollte die Übungen von den Sportlern ausführen und so lange wiederholen lassen, bis jeder die Wirkung ‹spürt›.
Bei der ersten Übung sollen, wie auf der Körperwaage, im Stehen die Arme ge-

streckt so schnell wie möglich nach vorne oben bis in die Horizontale gehoben und angehalten werden. Bei entsprechend explosiver Ausführung ist ein leichtes Abheben der Füße zu spüren.
Noch offensichtlicher wird die Bedeutung der Armarbeit für den Sprint durch die zweite Demonstrationsübung, eine sprintgemäße Armarbeit im Stehen. Dabei schwingen die Arme, wie beim Sprinten, so schnell wie möglich im Wechsel nach vorne und hinten. Bei schnellem Ausführen kommt es jeweils am Wendepunkt der beiden Arme (vorne und hinten) durch den abrupten Richtungswechsel zu einem Abbremsen der Arme und dadurch zu einem Impulsübertrag auf den Rest des Körpers. Wird das Hin- und Herschwingen nicht aus der Schulter ausgeführt, sondern nur durch Schwingen der Unterarme, wird schnell deutlich, wie wichtig die Armarbeit aus dem Schultergelenk ist. Eine Anweisung zur Unterstützung der Armarbeit lautet daher ‹Ellbogen bewegen!›.

Zusammengefaßt sind für einen effektiven Sprintschritt demnach folgende Punkte von besonderer Bedeutung:

- das aktive Aufsetzen und Greifen des Fußes und Beins,
- die Haltung der Schwungelemente während der Schwungbewegung und im Umkehrpunkt,
- das Abbremsen der Bewegung der Schwungelemente am Umkehrpunkt noch bei Bodenkontakt,
- eine ausreichende Stützkraft in den Beinen und im Rumpf.

Anatomisch-funktionelle und muskelphysiologische Grundlagen

Die Wirkung einer Muskelkontraktion kann im technisch-koordinativen Bereich durch zwei Faktoren beeinflußt werden:
- Ausgangslänge/Vordehnung des Muskels (geometrische Verhältnisse),
- Bewegungszustand des Muskels.

Die Bewegung aus der optimalen Position beginnen

Die Kraft, die ein Muskel entwickeln kann, ist in starkem Maße von seiner Ausgangslänge abhängig (Gorden et al. 1966). Nur bei optimaler Länge kommt es zu einer maximalen Ausnutzung der Muskelkraft. Die optimale Länge eines Muskels ist durch die Entfernung seiner Befestigungspunkte, des Ansatzes und Ursprungs gegeben und kann durch entsprechende Stellung der Gelenke verändert werden.

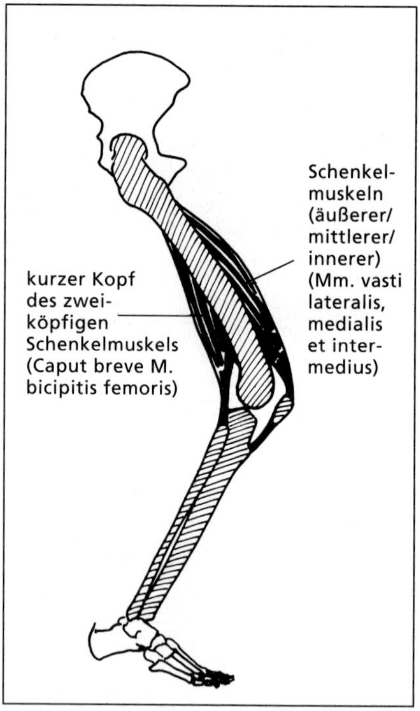

Abbildung 6 (rechts): Eingelenkige Hauptmuskeln am Kniegelenk

Abbildung 7: Eingelenkige Hauptmuskeln am Sprunggelenk

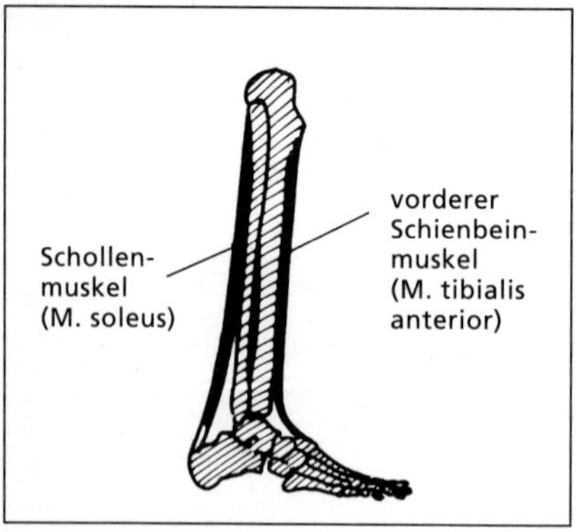

Verläuft ein Muskel nur über ein Gelenk, ist nur dessen Stellung von Bedeutung. Zum Beispiel beeinflußt nur das Sprunggelenk die optimale Ausgangslänge des Schollenmuskels an der Wade. Zieht ein Muskel – wie der zweiköpfige Wadenmuskel – jedoch über zwei Gelenke (in diesem Fall über das Fuß- und das Kniegelenk), so kann seine optimale Länge durch eine Vielzahl an Kombinationen beider Gelenke erzielt werden. Die an der Vorwärtsbewegung wesentlich beteiligten Muskeln und ihre Grundfunktion (Körper in Ruhe) sind in den Tabellen 1 bis 4 und Abbildungen 6 bis 11 aufgeführt.
Die wichtigsten *eingelenkigen Muskeln* (Hauptmuskeln) und ihre Funktionen in Ruhe sind in Tabelle 1 dargestellt.

Tabelle 1: Die wichtigsten *eingelenkigen Muskeln* (Hauptmuskeln) und ihre Funktionen in Ruhe (Sportler bewegt sich nicht, nur einzelne Körperteile)

Gelenk	**Muskel**	**Funktion in Ruhe**
Sprunggelenk	vorderer Schienbeinmuskel (M. tibialis anterior)	– hebt die Fußspitze an (Dorsalflexion) – bzw. zieht Schienbein/Körper nach vorne
	Schollenmuskel (M. soleus)	– streckt das Sprunggelenk (Plantarflexion), z.B. Zehenstand
Kniegelenk	äußerer, innerer und mittlerer Kopf des vierköpfigen Oberschenkelmuskels (Mm. vasti lateralis, medialis und intermedius)	– streckt das Kniegelenk, z. B. Auskicken
	kurzer Kopf des zweiköpfigen Oberschenkelmuskels (Caput breve M. bicipitis femoris)	– beugt das Kniegelenk, z. B. Anfersen
Hüftgelenk	Großer Gesäßmuskel (M. glutaeus maximus)	– streckt die Hüfte, richtet den Oberkörper auf
	Lenden-Darmbeinmuskel (Mm. iliopsoas = M. psoas major und M. psoas minor und M. iliacus)	– beugt die Hüfte, hebt das Knie

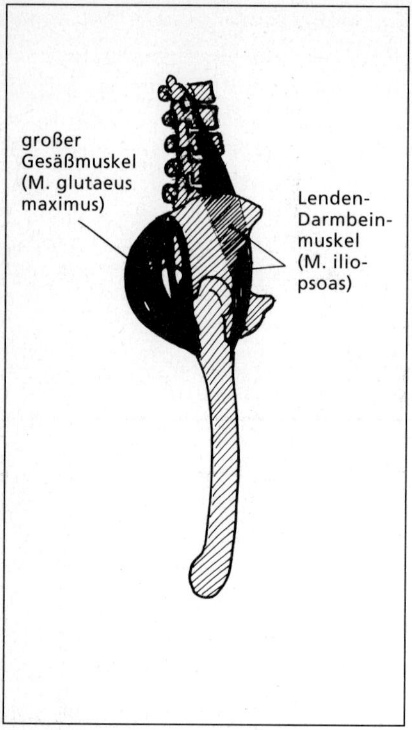

Abbildung 8: Eingelenkige Hauptmuskeln am Hüftgelenk

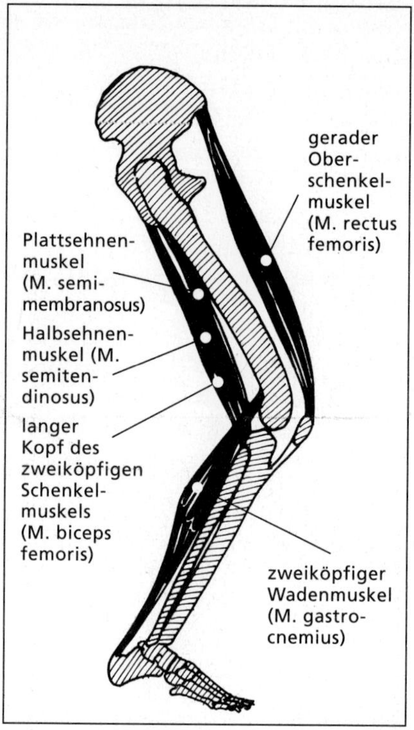

Abbildung 9: Zweigelenkige Muskeln der Beine

Die wichtigsten *zweigelenkigen Muskeln* und ihre Funktionen in Ruhe zeigen Tabelle 2 und Abbildung 9.

Die Sprintbewegung ist, wie die Mehrzahl der menschlichen Aktivitäten, bezüglich der Körpermittelebene (Medianebene) eine asymmetrische Bewegung, d. h. die linke Seite führt etwas anderes aus als die rechte. Während das linke Bein stützt, schwingt das rechte Bein vor, während der rechte Arm vorschwingt, schwingt der linke Arm zurück etc. Durch die Asymmetrie der Bewegung wirken größere Kräfte auf den Rumpf- und Hüftbereich, die durch die entsprechende Muskulatur ausgeglichen werden müssen, um den Rumpf stabil zu halten (Abb. 11). Werden die Kräfte nicht von der Rumpfmuskulatur aufgebracht, wird die optimale Kraftübertragung auf das Stützbein beeinträchtigt, und es kommt zu unfunktionellen Belastungen der Wirbelsäule.

Gelenk	Bereich	Muskel	Funktion in Ruhe
Sprung- und Kniegelenk	Rückseite	zweiköpfiger Wadenmuskel (M. gastrocnemius)	– streckt das Sprunggelenk, beugt das Kniegelenk
Knie- und Hüftgelenk	Vorderseite	gerader Oberschenkelmuskel (M. rectus femoris)	– streckt das Kniegelenk – beugt das Hüftgelenk
	Rückseite	Ischiocrurale Muskulatur = langer Kopf des zweiköpfigen Schenkelmuskels (Caput longum M. bicipitis femoris) und Halbsehnenmuskel (M. semitendinosus) und Plattsehnenmuskel (M. semimembranosus)	– beugen das Kniegelenk – strecken das Hüftgelenk
	Außenseite	Schenkelbindenspanner (M. tensor fasciae latae)	– beugt das Hüftgelenk – streckt das Kniegelenk

Tabelle 2: Die wichtigsten *zweigelenkigen Muskeln* und ihre Funktionen in Ruhe

Für den Kräfteausgleich im Rumpf- und Beckenbereich sind in erster Linie die schrägen Bauch- und die geraden Rückenmuskeln sowie die Ad- und Abduktoren verantwortlich. Diese Muskelgruppen und ihre Grundfunktionen in Ruhe sind in den Tabellen 3 und 4 sowie in den Abbildungen 10 und 11 aufgeführt.

Bereich	Muskel	Funktion in Ruhe
Abduktoren	mittlerer und kleiner Gesäßmuskel (Mm. glutaeus medius et minimus) Schenkelbindenspanner (M. tensor fasciae latae) birnförmiger Muskel (M. piriformis)	– heben das Bein seitlich hoch – auf der Stützbeinseite wird ein Abkippen des Beckens zur Schwungbeinseite verhindert
Adduktoren	Kammuskel (M. pectineus) langer, kurzer, großer Schenkelanzieher (Mm. adductor longus, brevis, magnus) schlanker Muskel (M. gracilis)	– bringen das Bein zum Körper – beim Lauf wird das Bein unter den Körper zur Mitte hingezogen

Tabelle 3: Die wesentlichen Ad- und Abduktoren

Abbildung 10: Ad- und Abduktoren

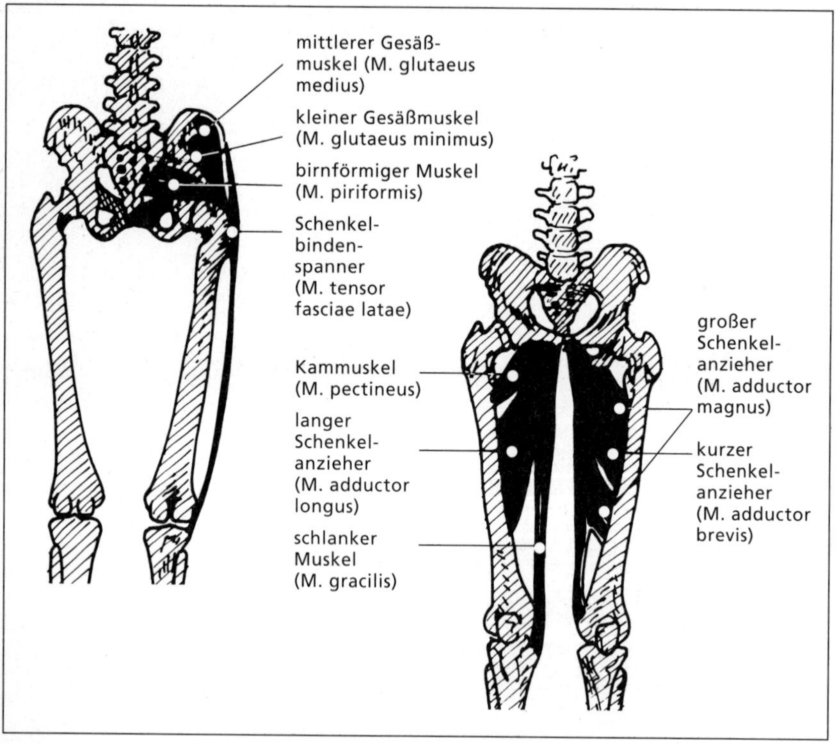

Bereich	Muskel	Funktion in Ruhe
Rumpf-vorderseite	gerader Bauchmuskel (M. rectus abdominis) querer Bauchmuskel (M. transversus abdominis) äußerer schräger Bauchmuskel (M. obliquus externus abdominis) innerer schräger Bauchmuskel (M. obliquus internus abdominis)	– beugt die Wirbelsäule – bringen eine Schulter nach vorne
Rumpf-rückseite	Langmuskel des Rückens (M. longissimus) Darmbein-Rippenmuskel (M. iliocostalis)	– strecken die Wirbelsäule

Tabelle 4: Die größten Rumpfmuskeln und ihre Funktion

Abbildung 11: Die größten Rumpfmuskeln

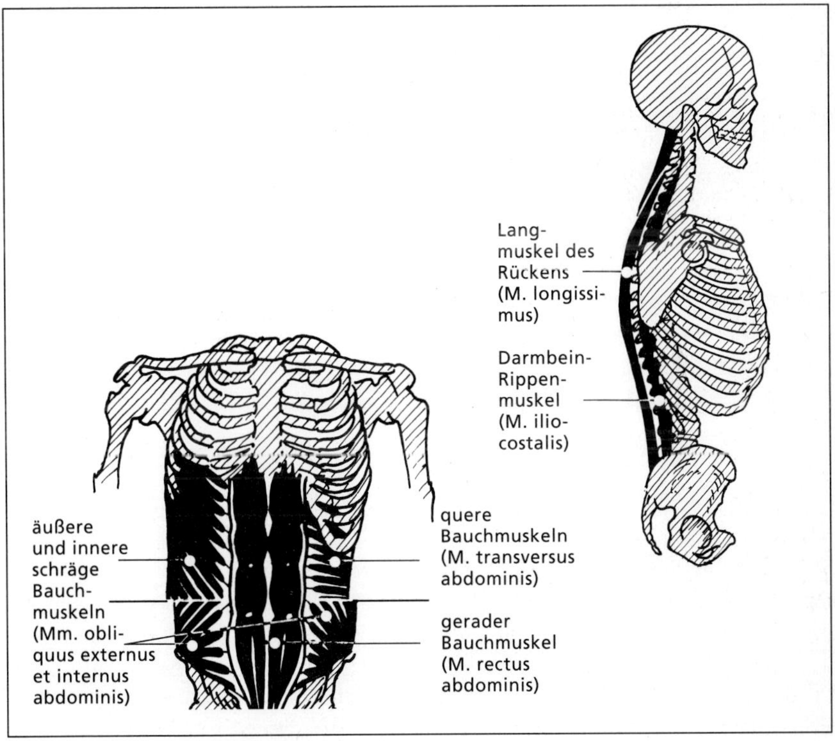

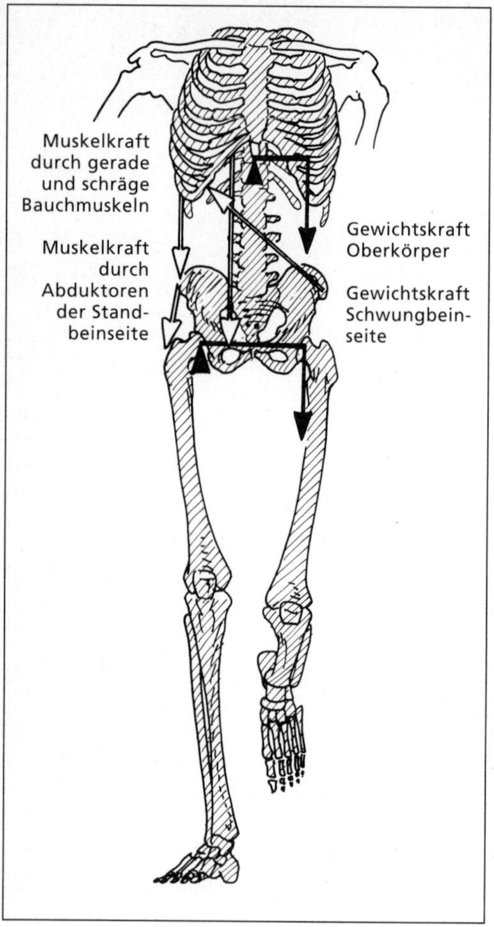

Abbildung 12: Gewichts- und Muskelkräfte beim Einbeinstütz im unteren Rumpf- und Hüftbereich von vorne

Betrachten wir die wesentlichen Kräfte im Rumpf-Becken-Bereich während des Bodenkontakts, so wird der Einfluß der Rumpfmuskulatur auf eine funktionelle Technik deutlich (Abb. 12). Vor dem Auftreffen auf dem Boden weist das gesamte System einen nach unten gerichteten Impuls auf. Während mit dem Aufsetzen auf dem Boden dieser Impuls im Beckenbereich der Stützbeinseite durch die Knochen und Muskeln abgebremst wird, neigt die Schwungbeinseite dazu, der ursprünglichen Bewegungsrichtung nach unten weiter zu folgen. Um dies und damit eine unfunktionelle Belastung der Wirbelsäule zu verhindern, muß sowohl das Becken als auch der Brustkorb über muskuläre Verspannungen fixiert werden. Das seitliche Abkippen des Beckens auf der Schwungbeinseite verhindert in erster Linie die Muskulatur zwischen äußerem Beckenkamm und Oberschenkelhügel (Mm. glutaeus medius et minimus) auf der Stützbeinseite. Dem seitlichen Abkippen des Brustkorbs wirken die Kräfte der stützbeinseitigen Rumpfmuskulatur (äußere und innere schräge Bauchmuskulatur) entgegen. Durch die ‹Verspannung› der Stützbeinseite kann die diagonale Rumpfmuskulatur vom stützbeinseitigen Rippenbogen bis zum schwungbeinseitigen Beckenkamm und die äußere schräge Bauchmuskulatur der Schwungbeinseite zusätzlich das Halten des Beckens auf der Schwung-

beinseite unterstützen. Berücksichtigt man außerdem, daß während des Bodenkontakts beim Sprint eine Bodenreaktionskraft auftritt, die das Sechsfache des Körpergewichts ausmachen kann, und der ganze Körper noch bewegt wird, so werden die hohen Anforderungen an die Rumpfmuskulatur deutlich.
Daher ist eine entsprechende Ausbildung dieser Muskelgruppen für einen langfristig gesunden Trainingsaufbau auch aus präventiv-orthopädischer Sicht sehr wichtig. Gehen wir davon aus, daß die gymnastischen Dehn- und Kräftigungsübungen die Entwicklung der asymmetrischen Muskelkraft unterstützen sollen (vgl. «Die Gymnastik»), so hat dies entsprechende Konsequenzen für die Übungsauswahl.

- Gymnastische Übungen sollten mit fortschreitendem Stadium vor allem in asymmetrischer Form ausgeführt werden (diagonales Prinzip der Koordination).

Dies kann durch das Nutzen o.g. Hebel- und Wechselwirkungsgesetze praktiziert werden. Das Nutzen der Hebel bedeutet hier das Ersetzen von Zusatzlast durch unterschiedliche Haltungen des eigenen Körpers. So muß z.B. durch Strecken der Arme oder Beine in der Horizontalen der arbeitende Muskel eine größere Kraft aufbringen und erfährt dadurch einen größeren Trainingsreiz. Das Wechselwirkungsprinzip zu nutzen heißt z.B., die Bewegung nicht langsam fließend auszuführen, sondern schnell, mit entsprechend abruptem Abbremsen und Halten in der Endposition.
Durch die schnellere Bewegung der Segmente wird eine stärkere Reaktionskraft erzeugt, die von der haltenden Muskulatur aufgebracht werden muß und für muskuläre Trainingseffekte genutzt werden kann. Diese schnellere Form sollte jedoch erst in fortgeschrittenerem Trainingsstadium angewandt werden und darf zu keiner Änderung der korrekten Bewegungsgeometrie führen. Der Umfang und die Intensität der Trainingsübungen sollten langsam gesteigert werden, da sie sehr schnell zu ‹Muskelkater› führen und dieser das Training an den folgenden Tagen negativ beeinflussen kann.

Die Effektivierung und Ökonomisierung wirkender Muskelkräfte durch entsprechende Gelenkpositionen wird an drei Beispielen während eines Schrittzyklus veranschaulicht:

1) Führen wir das Knie am Ende der Stützphase weit hinter den Körper und fersen den Unterschenkel an, dann wird der zweigelenkige gerade Oberschenkelstrecker (M. rectus femoris) sowohl durch die Hüftstreckung als auch die Kniebeugung gedehnt und somit vorgespannt. Durch diese erhöhte

Vorspannung kann die anschließende Hüftbeugung (das Nach-vorne-Bringen des Knies) mit größerer Anfangskraft und damit schneller ausgeführt werden.

2) Durch Anziehen der Fußspitzen vor dem Aufsetzen auf den Boden werden sowohl der zweiköpfige Wadenmuskel (M. gastrocnemius) als auch der Schollenmuskel (M. soleus) stärker vorgespannt, wodurch die anschließende Streckung des Sprunggelenks mit größerer Geschwindigkeit erfolgen kann. Die angezogenen Fußspitzen bis kurz vor dem Bodenkontakt sind vor allem bei Spitzensprintern und -läufern von vorne zu beobachten. Man sieht kurz vor dem Aufsetzen die Schuhsohlen. Durch das Anziehen der Fußspitzen kommt es über den zweigelenkigen Wadenmuskel (M. gastrocnemius) zu einem weiteren Effekt am zweiten Gelenk, der später behandelt wird.
3) Durch das Abkippen des Beckens nach vorne wird eine leichte Hohlkreuzhaltung hervorgerufen, bei der die Ansätze der ischiocruralen Muskulatur am Sitzbein von den Ursprüngen am Unterschenkel entfernt werden. Diese erhöhte Vorspannung der Muskulatur führt zu einem schnelleren Absenken des Beins und einer beschleunigten Hüftstreckung während der Stützphase. Dem zweigelenkigen Muskel kommt beim Sprint während des Vortriebs eine wesentliche Funktion zu. Der Muskel scheint in Verbindung mit der Gesäßmuskulatur primär dafür verantwortlich zu sein, daß der Körper aktiv über den Unterstützungspunkt am Boden ‹gezogen› wird. Bestärkt wird dieser Sachverhalt unter anderem durch die Beobachtung einer extremen Hohlkreuzhaltung und ausgeprägten Gesäßmuskulatur bei nahezu allen Weltklassesprintern. Da häufiges und intensives Sprinttraining eine Hohlkreuzhaltung fördert, sollte zum Ausgleich verstärkt auf Dehn- und Haltungsübungen sowie auf Bauchmuskeltraining und Haltungskontrolle in der Alltagsmotorik (beim Sitzen oder Gehen) geachtet werden.

Die Wirkungsweise der einzelnen Muskeln in Ruhe ist nicht unmittelbar identisch mit ihrer Funktion bei Bewegung. Zum Beispiel kann die kniebeugende Funktion der ischiocruralen Muskulatur in Ruhe zu einer kniestreckenden bei Bewegung, z.B. Laufen oder Radfahren (Wiemann 1986, Zajac 1989), werden. Die Funktion eines Muskels ist also immer abhängig von dem Bewegungszustand der beteiligten Gliedmaßen und dem Kontraktionszustand der an ihnen ansetzenden Muskelgruppen. Bei der Zuordnung der Muskelfunktionen zu bestimmten Bewegungen sollten daher stets die Randbedingungen des kompletten Systems berücksichtigt werden.
Nicht zu vernachlässigen ist auch hier eine wechselseitige Abhängigkeit mit den oben beschriebenen physikalischen Grundlagen. Es kann sich zum Beispiel ein physikalisch optimaler Hebel für die Muskellänge als so ungünstig erweisen,

daß dieser seine maximale Kraft nicht entwickeln kann. Es ist also eine optimale Kombination aus Muskellänge und Hebel anzusteuern. Auch hierfür gibt es nur grobe Anhaltspunkte, jedoch kein allgemeingültiges Rezept, da die Muskelansatzpunkte sowie Länge und Gewicht der Gliedmaßen von Sportler zu Sportler und während der Pubertät relativ stark variieren.

Durch Vordehnung größere Kräfte erzeugen

Die zweite Möglichkeit, die Kontraktionskraft eines Muskels zu beeinflussen, liegt in der Wahl seines Bewegungszustands, d. h. ob der Muskel während einer Kontraktion belastet wird oder nicht. Zieht sich ein Muskel aus dem Ruhezustand zusammen (konzentrische Kontraktion), so ist die entwickelte Kraft geringer, als wenn der Muskel in angespanntem Zustand entgegen seiner Wirkungsrichtung gedehnt wird (exzentrische Kontraktion).

Abbildung 13 demonstriert die Abhängigkeit der Kraft von der Kontraktionsgeschwindigkeit des Muskels. Der untere Teil der Kurve zeigt, daß mit zunehmender Kontraktionsgeschwindigkeit des Muskels die von ihm entwickelte Kraft abnimmt. Im oberen Teil der Kurve wird sichtbar, daß mit zunehmender Dehnungsgeschwindigkeit die Kraft ansteigt, die der Muskel entwickelt. Dies geschieht jedoch nur bis zu einem bestimmten Grenzwert der Dehnungs-

Abbildung 13: Kraft-Geschwindigkeits-Verlauf

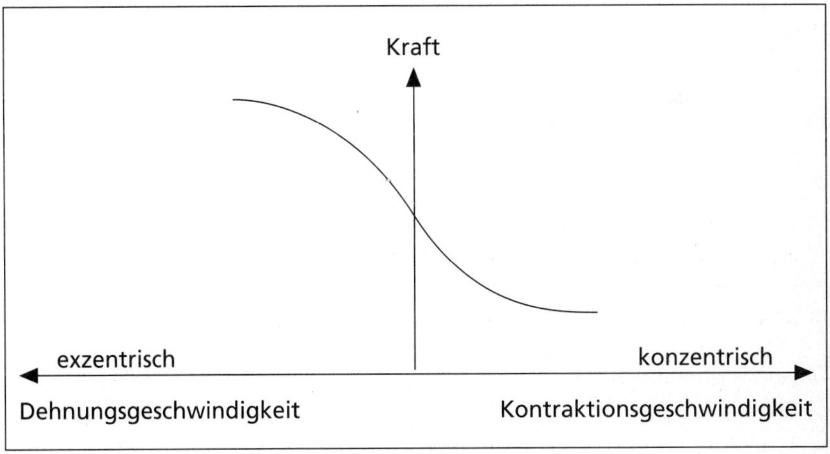

geschwindigkeit. Wird dieser überschritten, kommt es zur Schädigung des Muskels.
Kombiniert man eine kurzzeitige exzentrische mit einer anschließenden konzentrischen Kontraktion, so spricht man auch von einem Dehnungs-Verkürzungs-Zyklus (DVZ). Der DVZ tritt bei vielen Alltagsbewegungen auf und wurde am umfangreichsten bei vertikalen Sprüngen untersucht (KOMI 1973 a, 1978, KOMI et al. 1987). Wird z.B. von einer niedrigen Stufe heruntergesprungen und anschließend von der Landestelle wieder abgesprungen, so wird das Sprunggelenk am Boden zuerst gebeugt und dann wieder gestreckt, d. h. die Wadenmuskulatur wird zunächst in angespanntem Zustand gedehnt (exzentrische Kontraktion), bevor sie sich anschließend wieder zusammenzieht (konzentrisch). Wird das Abspringen von der Landestelle in der Form ausgeführt, daß die Fußspitzen kurz vor der Landung angezogen und dann wieder aktiv gestreckt werden, so können die Bodenkontaktzeiten kürzer gehalten werden, und die anschließende Sprunghöhe wird größer als bei ‹spitzfüßiger› Landung (SCHÖLLHORN et al. 1990). Die koordinativ bedingten Verbesserungen rühren von der größeren relativen Kontraktionsgeschwindigkeit der Wadenmuskulatur bei der Landung her. Wird der Fuß kurz vor der Landung aktiv gegen den Boden gestreckt (Plantarflexion), so wird bei Bodenkontakt die Wadenmuskulatur aus einer im Vergleich zum passiven Fußaufsatz größeren Kontraktionsgeschwindigkeit exzentrisch belastet und folglich die Kraft durch die exzentrische Kontraktion vergrößert. Dies wird auch durch Auftreten von Reflexen im Elektromyogramm (EMG) deutlich.
Mit Hilfe eines Elektromyogramms kann die elektrische Aktivität eines Muskels sichtbar gemacht werden. Die myoelektrischen Aktivitäten werden dabei mit Hilfe von Elektroden auf den Hautstellen über den Muskeln und einem Meßgerät (Elektro-Myo-Graphie) gewonnen (MCCLAY et al. 1990). Reflexe zeichnen sich im EMG durch hohe und kurze Spannungsausschläge unmittelbar nach der Reizsetzung aus. Das Auftreten von Reflexen bei automatisierten Bewegungen ist ein Hinweis für eine Ökonomisierung der Bewegung und tritt mit zunehmender Leistungsentwicklung immer häufiger auf (UPTON et al. 1971, 1975).
Wird die aktive Streckbewegung (Plantarflexion) der Füße beim Sprint mit einer horizontalen ‹Greifbewegung› verbunden, so führt dies zu einem zusätzlichen positiven Effekt. Da die zweiköpfige Wadenmuskulatur (M. gastrocnemius) sowohl an der Streckung des Sprunggelenks als auch an der Beugung des Kniegelenks beteiligt ist, wirkt ein an dieser Muskulatur ausgelöster Reflex über die Beugung am Kniegelenk auf den ebenfalls zweigelenkigen rückseitigen Oberschenkelmuskel (M. biceps femoris). Die unterstützende Wirkung der Wadenmuskulatur bei der Beugung im Kniegelenk hat zur Folge, daß die Kontraktionsgeschwindigkeit der ebenfalls kniebeugenden ischiocruralen Mus-

kulatur vergrößert wird und durch das Abbremsen des Unterschenkels Reflexe ausgelöst werden. Da hier wieder zweigelenkige Muskeln wirken, die über Knie und Hüftgelenk verlaufen, erfolgt eine schnellere Streckung des Hüftgelenks. Die aktive Fußgelenksarbeit kann also nicht nur für die vertikale Bewegung genutzt werden, sondern vor allem auch für den horizontalen Vortrieb.
Ein ähnlicher Mechanismus, jedoch ohne Reflexaktivität, kann beim Zurückführen des Stützbeins ausgelöst werden. Je schneller das Bein nach hinten geführt wird, desto größer ist die Dehnungsgeschwindigkeit des geraden Oberschenkelmuskels (M. rectus femoris), der wesentlichen Anteil an der Hüftbeugung hat. Durch die größere Dehnungsgeschwindigkeit wird ein ‹schnelleres Schwungbein› ermöglicht, da die Anfangskraft erhöht ist.
Auch am Ende der Schwungphase kann dieser Mechanismus ablaufen. Je schneller das Bein nach vorne und der Unterschenkel vorgebracht wird, desto größer ist die Dehnungsgeschwindigkeit der ischiocruralen und Gesäßmuskulatur, die durch eine vergrößerte Kraftentwicklung für das Aufsetzen (Nach-unten-Bringen) des Beins genutzt werden kann. Eine wesentliche Voraussetzung für große Bewegungsgeschwindigkeiten ist jedoch die völlige Entspannung der gegenwirkenden Muskulatur (Antagonisten). Das ‹Geheimnis des Sprints› besteht also nicht nur in der Fähigkeit, einen Muskel maximal zu kontrahieren, sondern auch darin, durch Entspannung der Muskulatur zum richtigen Zeitpunkt die Wirkung der Agonisten nicht zu behindern. Um zu einer optimalen Technik zu gelangen, wird deshalb beim Sprint- bzw. Koordinationstraining geübt, die Muskulatur zum richtigen Zeitpunkt zu entspannen. Der Sprint stellt somit die ‹Kunst› dar, in einem geschlossenen Kreis mit sich wechselseitig bedingenden Prozessen die Muskulatur zum richtigen Zeitpunkt zu kontrahieren *und* zu entspannen.
Anhand eines EMGs werden die Vielseitigkeit der Wechselwirkungen und Funktionen einzelner Muskeln während eines einzelnen Sprintschritts deutlich. Abbildung 14, Seite 39, zeigt die elektrischen Aktivitäten ausgewählter Beinmuskeln während eines Sprintschritts mit maximaler Geschwindigkeit, angefangen beim Lösen des Bodenkontakts. Mit Verlassen des Bodens beginnt das Anfersen, das von der Restaktivität der ischiocruralen Muskulatur und der Trägheit des Unterschenkels ausgelöst wird. Die Trägheit des Unterschenkels bewirkt eine Bewegung nach hinten oben und führt im folgenden gemeinsam mit dem Kniehub zu einer weiteren Verkleinerung des Kniewinkels, d. h. das Anfersen während des Sprintschritts erfolgt in erster Linie passiv. Dabei setzt die Aktivität des zweigelenkigen Oberschenkelstreckers (M. rectus femoris) zur Hüftbeugung (Kniehub) unmittelbar mit dem Lösen des Bodenkontakts ein. Etwas später werden die Fußspitzen durch den vorderen Schienbeinmuskel (M. tibialis anterior)

angezogen, um die Massenteile des Fußes näher an die Drehachse der Hüfte zu bringen und über ein verringertes Trägheitsmoment eine größere (Dreh-) Winkelgeschwindigkeit zu erreichen. Ungefähr gleichzeitig beginnen die Öffnung des Kniewinkels durch den eingelenkigen Kniestrecker (M. vastus lateralis) sowie das Abbremsen des Oberschenkels durch die zweigelenkige ischiocrurale (M. biceps femoris) und die Gesäßmuskulatur (M. glutaeus maximus). Beim Abbremsen des Oberschenkels werden auch die Voraussetzungen für ein schnelleres Absenken des Beins durch eine höhere Vorspannung der beteiligten Muskulatur geschaffen. Ist die Aktivität des ‹Kniehebers› (M. rectus femoris) eingestellt und der Oberschenkel abgebremst, führt die Aktivität der Gesäß- und zweigelenkigen, ischiocruralen Muskulatur zum Absenken des Schwungbeins.
Besonders deutlich wird das ausgeklügelte und funktionelle Wechselspiel der ein- und zweigelenkigen Muskeln während des Absenkens. Mit dem Absenken stellt der eingelenkige Kniestrecker (M. vastus lateralis) zunächst seine Aktivität ein, da der Kniewinkel aufgrund der Streckung in der Hüfte und der Trägheit des Unterschenkels geöffnet wird. Gleichzeitig wird der eingelenkige vordere Schienbeinmuskel (M. tibialis anterior) aktiv und betont damit die Wirkung des zweigelenkigen Wadenmuskels auf das Kniegelenk. Um ein zu frühes Beugen des Kniegelenks zu vermeiden und durch einen Fußaufsatz ‹hinter dem Körper› die Schrittlänge zu verkürzen, wird der eingelenkige Kniestrecker (M. vastus lateralis) kurz danach wieder aktiv, was zu einem kontrollierten Beugen des Knies führt. Zusätzlich wird auch die Wirkung der stets aktiven zweigelenkigen ischiocruralen Muskulatur (M. biceps femoris) auf die Hüftstreckung verstärkt. Demnach werden bereits vor dem Aufsetzen sowohl das gesamte Bein als auch der Unterschenkel entgegengesetzt zur Laufrichtung ‹nach hinten gezogen›. Einen zusätzlichen Effekt erzielt die Aktivität des vorderen Schienbeinmuskels (M. tibialis anterior). Er verhindert eine Streckung (Plantarflexion) des Fußgelenks und spannt die ein- und zweigelenkige Wadenmuskulatur entsprechend vor. Kurz vor der Landung wird die Aktivität des vorderen Schienbeinmuskels eingestellt und das Fußgelenk durch die Wadenmuskulatur (M. gastrocnemius) gestreckt bzw. für die Landung steif gestellt.
Während des Bodenkontakts sind der eingelenkige Kniestrecker (M. vastus lateralis) und die Gesäßmuskulatur (M. glutaeus maximus) nur zu Beginn aktiv, während die zweigelenkige Waden- und ischiocrurale Muskulatur bis kurz vor dem Abheben Aktivität zeigen. Durch den Kniestrecker wird zu Beginn des Bodenkontaks ein zu starkes Beugen des Kniegelenks verhindert, wohingegen die Aktivitäten der rückwärtigen Bein- und Hüftmuskulatur auf eine streckende Funktion von Fuß-, Knie- und Hüftgelenk hindeuten.

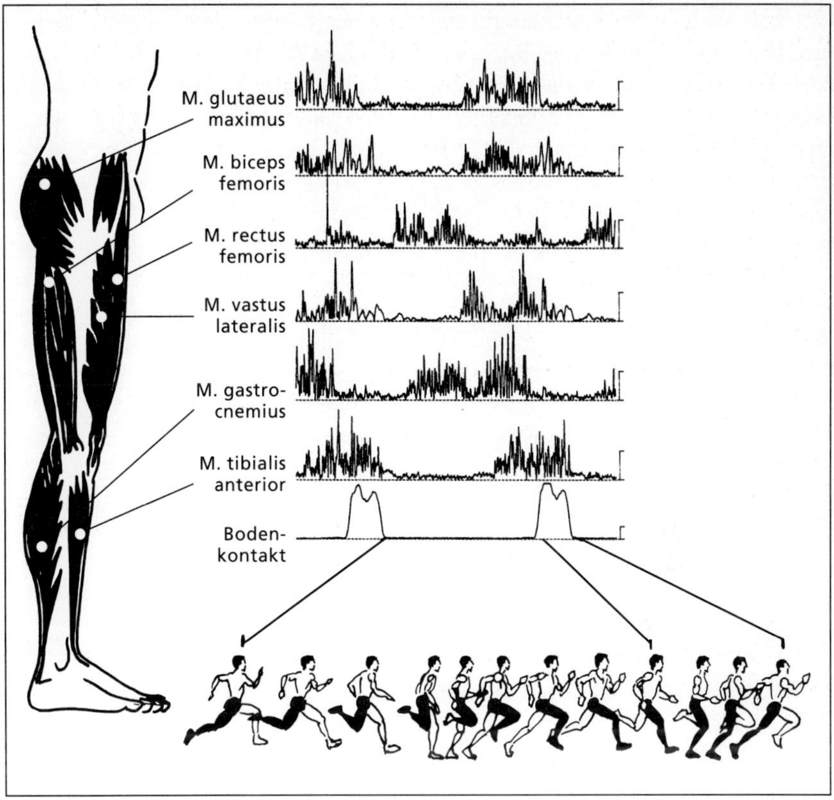

Abbildung 14: Elektrische Muskelaktivität (EMG) während eines Sprintschritts im Abschnitt der Maximalgeschwindigkeit

Im Unterschied zum Abschnitt der Maximalgeschwindigkeit sind die Elektromyogramme im Abschnitt der Beschleunigung vor allem im Bereich der Oberschenkel- und Hüftmuskulatur deutlich verändert. Während in der Phase der Maximalgeschwindigkeit der große Gesäßmuskel (M. glutaeus maximus) mit dem Bodenkontakt seine Aktivität nahezu einstellt und der zweiköpfige Oberschenkelmuskel bis zur Mitte der Stützphase noch aktiv ist, sind die Verhältnisse in der Phase der Beschleunigung umgekehrt. Die Hüftstreckung wird bei der Beschleunigung demnach primär von der Gesäßmuskulatur übernommen, wohingegen bei großen Geschwindigkeiten die rückwärtige Oberschenkelmuskulatur diese Funktion übernimmt. Auch die vorderseitige Oberschenkelmuskulatur zeigt ein phasenspezifisches Innervationsverhalten. In der Phase der Beschleunigung wird der eingelenkige Kniestrecker (M. vastus lateralis) erst kurz vor Bodenkontakt aktiviert. Er wird demnach nicht – wie in der Phase der Maximalgeschwindigkeit – benötigt, um den Unterschenkel in der Schwungphase nach vorne zu bringen. Der zweigelenkige Oberschenkelmuskel (M. rectus femoris) wird in beiden Phasen zwar für die Hüftbeugung des Schwungbeins aktiviert, bei hoher Geschwindigkeit jedoch während des Bodenkontakts ausgeschaltet, während der Beschleunigung hingegen nochmals aktiv. Die gleichzeitige Aktivierung von großem Gesäß- und zweigelenkigem Oberschenkelmuskel während des Bodenkontakts weist auf eine unterschiedliche Funktion der Muskeln bei der Beschleunigung hin. Durch die gleichzeitige Aktivierung beider Muskeln wird ein Aufrichten des Oberkörpers beim Start verhindert. Der zweigelenkige Oberschenkelmuskel wirkt in der Phase der Beschleunigung als Gegenspieler (Antagonist) zu dem großen Gesäßmuskel, der mit der Hüftstreckung den Oberkörper aufrichtet, und unterstützt dabei noch die Kniestreckung.

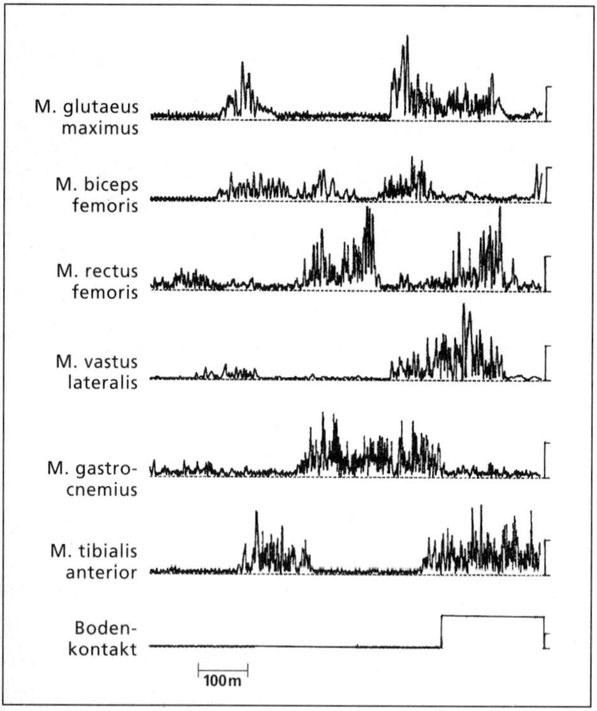

Abbildung 15: Elektrische Muskelaktivität (EMG) während eines Sprintschritts im Abschnitt der Beschleunigung

Unterschiede sind auch bei den Bodenreaktionskräften zu beobachten (Abbildung 16). Neben den kürzeren Bodenkontaktzeiten von 100 ms im Vergleich zu 140 ms und den größeren vertikalen Kräften (Abbildung 16 rechts) im Abschnitt der Maximalgeschwindigkeit zeigen vor allem die Verlaufscharakteristiken der horizontalen Bodenreaktionskräfte (Abbildung 16 links) Unterschiede. Im Abschnitt der Beschleunigung (Abbildung 16 links unten) weist der anfänglich negative Ausschlag einen im Vergleich zur Phase der Maximalgeschwindigkeit relativ kleinen Bremskraftstoß und – durch den positiven Ausschlag – einen größeren Beschleunigungskraftstoß auf. Das heißt, es wird zwar mit dem Fußaufsatz zunächst gebremst, im weiteren Verlauf jedoch mehr beschleunigt. Hingegen sind die etwa gleich großen Flächen unterhalb der Kurven mit negativem und positivem Ausschlag im Abschnitt der Maximalgeschwindigkeit (Abbildung 16 oben links) ein Zeichen für konstante Geschwindigkeit, d. h. der Sportler beschleunigt nicht mehr.

Aus den unterschiedlichen Innervationsmustern und Bodenreaktionskräften folgt, daß die Bewegungstechniken sowohl im Abschnitt der Beschleunigung wie auch in dem der Maximalgeschwindigkeit spezifisch zu trainieren sind.

Abbildung 16: Horizontale und vertikale Bodenreaktionskräfte in der Phase der maximalen Geschwindigkeit (oben) und der Beschleunigung (unten)

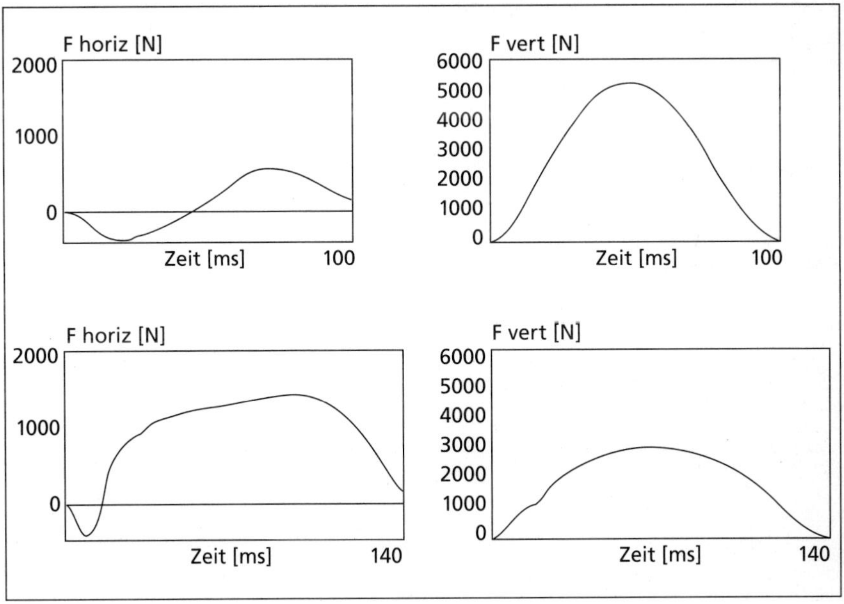

Wesentliche Ziele des Koordinationstrainings sind also:
- das Herstellen optimaler Gelenkpositionen (geometrischer Voraussetzungen) zur optimalen Kraftentfaltung der aktiven Muskelgruppen,
- das Herstellen von Bedingungen, durch die mit Hilfe exzentrischer Bewegungsformen eine größere Kraft entfaltet werden kann,
- spezifisches Training des Beschleunigungs- und Maximalgeschwindigkeitsabschnitts.

Zum Bewegungslernen

Neben dem Verständnis der biomechanischen Prinzipien einer optimalen Lauftechnik liefert auch das Wissen um den Lernprozeß große Vorteile.

Information – die Voraussetzung für jeden Lernprozeß

Aus informationstheoretischer Sicht kann das Bewegungslernen sehr vereinfacht als ein Regelkreis betrachtet werden. Danach wird der Lernprozeß als eine Anpassung eines Systems aus einem momentanen (Ist-)Zustand an einen geforderten (Soll-)Zustand betrachtet, der durch ständigen Vergleich des Ist- mit dem Soll-Zustand mittels Meßfühler und Regler erfolgt. Die Meßfühler bestimmen den Ist-Zustand, und die Regler passen im Falle einer Abweichung das System so lange an, bis der Soll-Zustand erreicht ist.
Ein Beispiel für einen gewünschten Soll-Zustand im Rahmen einer optimalen Sprinttechnik stellt der horizontale Kniehub (Oberschenkel horizontal) dar. Ist der Kniehub eines Sprinters zu niedrig, wird er beim nächsten Schritt versuchen, ihn durch stärkere Kontraktion der Hüftbeuger (Regler) zu vergrößern; ist er zu hoch, entsprechend zu reduzieren.
Allgemein weist ein solcher Regelkreis vier Teilprozesse auf, die den Lernprozeß beeinflussen und aufgrund der psycho- und neurophysiologischen Eigenschaften des Athleten zu entsprechenden Konsequenzen für das Training führen:

1. die Informationsaufnahme,
2. die Informationsübertragung,
3. die Informationsverarbeitung,
4. die Informationsausgabe.

Die Teilprozesse laufen während des Lernens großteils parallel ab.

Die Informationsaufnahme – Überall im Körper sind Sensoren

Sowohl in seiner natürlichen Umgebung als auch beim Erlernen einer speziellen Bewegung wird der Athlet mit einer großen Menge an Informationen konfrontiert, die je nach Art (Licht, Schall, Temperatur etc.) von speziellen Sensoren bzw. Sinnesorganen (Augen, Ohren, Haut etc.) empfangen werden. Die kinästhetischen und vestibulären Sensoren liefern Informationen über die Lage der Körpergelenke, Spannungszustände der Muskeln und die Lage des Kopfes im Raum.

Die Augen können nicht alles sehen

Die visuelle Wahrnehmung beim Bewegungslernen bezieht sich im wesentlichen auf zwei zeitlich getrennte Prozesse. Zum einen wird mit den Augen während der Bewegung Information aufgenommen und zum anderen anschließend in Form von Video- oder Bildmaterial zu der eigenen Bewegung. Dabei dient die Informationsaufnahme dem Athleten während der Bewegung in erster Linie der Orientierung im Raum und das Bildmaterial der Verbesserung (Objektivierung) der Selbsteinschätzung bzw. der Bewegungsempfindung. Die auch im Alltag zu beobachtende Dominanz des visuellen Systems (DE MAREES 1987) wird häufig bei Anweisungen für die Bewegungsausführung genutzt, um mit der damit verbundenen Kopfhaltung gezielt Positionen und Haltungen einzelner Körperteile hervorzurufen. Soll z.B. beim Laufen auf ein weit entferntes Objekt geachtet werden, so ist dies mit einer ‹geraden› Kopfposition und aufrechten Oberkörperhaltung verbunden. Soll der Blick auf ein Ziel am Boden gerichtet werden, bewirkt dies beim Start eine stärkere Vorlage des Körpers. Das eigene Beobachten der Hände beim Nach-vorne-Schwingen erlaubt die selbständige visuelle Kontrolle der Armarbeit. Um Informationen über Körperteile zu bekommen, die während der Bewegung außerhalb des Gesichtsfeldes liegen, stehen sowohl während der als auch im Anschluß an die Ausführung unterschiedliche Hilfsmittel zur Verfügung. Durch die Betrachtung der eigenen Bewegung anhand von Spiegeln oder Videoaufnahmen bzw. Bildern wird versucht, die subjektive propriozeptive Bewegungswahrnehmung des Sportlers mit Hilfe der visuellen zu objektivieren.

Das Gehör hilft beim Schrittrhythmus

Die Wahrnehmung akustischer Information ist im Rahmen des Sprinttrainings vor allem im Hinblick auf unterschiedliche Schrittrhythmen und -frequenzen (GUTTMANN 1982) zu nutzen. Diese Fähigkeit kann vom Sportler und Trainer zur zeitlichen Abstimmung der Bewegung genutzt werden. Die Schrittfrequenz ist aufgrund des Geräusches beim Bodenkontakt ‹zu hören› oder kann extern durch Tonsignale (Klatschen) vorgegeben werden.

Das Bewegungsgefühl liefert am schnellsten Informationen über den Körper

Das Bewegungsgefühl entsteht aus der Verarbeitung kinästhetischer Empfindungen. Diese setzen sich aus Informationen über Muskellänge, Sehnenspannung, Gelenkstellung und Geschwindigkeit der Gelenkbewegungen zusammen. Sie dienen in Verbindung mit Informationen aus dem Vestibularorgan im inneren Ohr (Gleichgewichtssinn) zur Feststellung der Lage einzelner Körperteile im Raum sowie deren Bewegung und dem Maß der dafür notwendigen Muskelspannung.
Die kinästetischen Informationen nehmen im Laufe des Lernprozesses an Bedeutung zu, da sie im Vergleich zu anderen Sinnesinformationen eine präzisere und schnellere Kontrolle von Körperbewegungen ermöglichen. Die Entwicklung des Bewegungsgefühls und der Fähigkeit, kinästhetische Informationen bewußt (zielgerichtet) wahrzunehmen, ist daher eine der wichtigsten Aufgaben im motorischen Lernprozeß.

Allgemein ist die Informationsaufnahme kein ausschließlich passiver Vorgang, sondern zeigt eine wesentliche aktive Komponente seitens des Lernenden, der seine Aufmerksamkeit gezielt richten kann. Durch die gerichtete Informationsaufnahme wird der Lernprozeß oft deutlich verkürzt. Ein Ziel des Sportunterrichts in der Schule und beim Training ist daher das *‹Richten› bzw. Lenken der Informationsaufnahme*, um wesentliche Elemente der Bewegung bewußtzumachen. Aufgrund der großen Menge an Information, die vor allem beim Erlernen einer Ganzkörperbewegung wie des Sprints auf einen Sportler einströmen, kann nur ein Teil bewußt aufgenommen werden, der größere Teil an Information wird unbewußt wahrgenommen. Der größere Anteil unbewußter Informationsaufnahme liefert dabei einen Hinweis auf die Vorzüge von sogenannten ‹zwingenden Übungen›, bei denen der Spielraum der Bewegungsausführung eingeschränkt ist.

Die Informationsübertragung – Nerven als «verknotete» Leitungen

Die elektrischen Impulse (Aktionspotentiale), die an den spezifischen Sensoren und zentralnervös ausgelöst werden, gelangen über Nerven und Synapsen zu den verschiedenen Ebenen des zentralnervösen Systems bzw. zu den entsprechenden Muskeln.
Für eine schnelle Bewegungskontrolle beim Sprint ist vor allem die Übertragungsdauer der elektrischen Impulse von Bedeutung, die von der Leitungsgeschwindigkeit und Länge der Nervenbahnen abhängt, sowie von der Anzahl der Synapsen, der Menge an Transmittersubstanz und den ‹Synapsenzeiten› (CZIHAK 1984). Mit Ausnahme der Menge an Transmittersubstanz sind sämtliche Parameter genetisch weitestgehend festgelegt. Die Transmittersubstanz hingegen zeigt eine Art von Gedächtnis: Je häufiger ein Signal den synaptischen Spalt ‹überquert›, desto mehr Transmitterstoff wird, innerhalb gewisser Grenzen, produziert, d. h. durch die ständige Aktivierung der Muskeln bei den Koordinationsübungen wird die Übertragungsgeschwindigkeit verbessert.

Die Informationsverarbeitung – Das ZNS als Kommandozentrale und Speicher von Bewegungen

Bei der Informationsverarbeitung werden zwei Teilprozesse unterschieden:
- die Informationsauswertung und
- die Informationsspeicherung.

Die *Informationsauswertung* erfolgt auf verschiedenen Ebenen des ZNS. Die einfachsten Haltungs- und Bewegungsmuster (Spinalmotorik) werden auf der Rückenmarksebene in Form von Reflexen kontrolliert. Die Körperhaltung und -stellung im Raum (Stützmotorik) werden vorwiegend durch das Kleinhirn und die willkürlichen Bewegungsabläufe (Zielmotorik) von den «höheren» Zentren des Gehirns, in der motorischen Großhirnrinde, gesteuert. Während die Spinal- und Stützmotorik im allgemeinen unbewußt und in kürzerer Zeit ablaufen, gilt die etwas langsamere Zielmotorik als bewußter Prozeß.
Neben den spezifischen sensorischen Bereichen der Großhirnrinde erhalten auch andere Bereiche des Großhirns unspezifisch und unbewußt sensorische Informationen aus der Peripherie, d. h. es können auch Informationen über Gelenkstel-

lungen im spezifischen Hörcortex ankommen. Charakteristisch für die zentralnervöse Verschaltung der Großhirnrinde ist dabei die Verbindung der spezifischen sensorischen Areale untereinander sowie Verbindungen zwischen diesen und assoziativen Arealen, in denen die Repräsentation von Bewegungen angenommen wird (MEZERNICH et al. 1988). D. h. der Zugang zu einer Bewegungsrepräsentation erfolgt über verschiedene Sinnsysteme und kann im Rahmen eines motorischen Lernprozesses unter Verwendung möglichst verschiedener Sinnsysteme genutzt werden. So kann eine Bewegung *gesehen, gehört, gefühlt* und *beschrieben* werden. Ein Ziel des Trainings einer optimalen Sprinttechnik besteht daher im *vielseitigen Ausnutzen unterschiedlicher Sinnesorgane.*
Die Strukturen des Groß- und Kleinhirns sind keineswegs starr, sondern zeigen eine Plastizität, die es dem Sportler ermöglicht, sich den verschiedensten Anforderungen anzupassen (SINGER 1988, VON DER MALSBURG 1987). Verbindungen zwischen zwei Neuronen können mittels Nervenwachstumsfaktor aufgebaut werden, wenn diese wiederholt gleichzeitige Aktivität aufweisen. Die Verbindungen werden mit zunehmender Zahl an Wiederholungen verstärkt, können jedoch bei längerfristiger Inaktivität oder durch neu eintreffende Informationen wieder abgebaut werden. Es sind daher selbst automatisierte Koordinationsübungen immer wieder auf ihre korrekte technische Ausführung zu überprüfen und durch Übungen weiter zu festigen. Die Auf- und Abbauprozesse können durch die Wiederholung der Bewegungen oder durch emotionale Einflüsse (Lob) gefördert werden. Häufige Wiederholungen bewußt gelernter Bewegungen können dann durch die Ausbildung ‹dicker› Nervenverbindungen im Gehirn einen solch hohen Automatisierungsgrad erlangen, daß sie über unbewußte Kontrollmechanismen schneller geregelt werden.
In bezug auf die *Informationsspeicherung* ist phänomenologisch zwischen einer Kurz- und einer Langzeitspeicherung zu unterscheiden. Im Kurzzeitspeicher bzw. -gedächtnis wird ein relativ kleiner Teil der sensorischen Informationen für einen Zeitraum von wenigen Sekunden bis mehrere Minuten aufbewahrt. Ein geringer Teil der Informationen kann in den Langzeitspeicher übergehen, wo er langfristig erhalten bleibt. Innerhalb gewisser Grenzen sind beide Arten von Gedächtnis trainierbar. Einen wesentlichen Einfluß auf die Gedächtnisleistung hat die Informationsmodalität (motorisch, verbal, visuell etc.) (ENGELKAMP 1990). Das motorische Gedächtnis ist dabei anderen Gedächtnismodalitäten überlegen (ENGELKAMP 1990, KUHN 1984). D. h. einmal gelernte und automatisierte Bewegungen sind relativ stabil und können nur unter großem Aufwand verändert werden. Aus diesem Grund ist es wichtig, sich wiederholende *Bewegungsfehler möglichst schnell* zu *korrigieren* und durch Übungsvielfalt das Herausbilden von Bewegungsstereotypen zu vermeiden.

Eine Lernstrategie: die Kontrolle des Informationsflusses

Unabhängig von der Art der Verarbeitung ist die zentralnervöse Kapazität der Informationsverarbeitung begrenzt. Da sie sowohl mengenmäßig als auch zeitlich begrenzt ist, läßt sich die maximale Kapazität durch den Quotienten aus beiden Größen quantitativ beschreiben und bildet eine leistungslimitierende Größe des ZNS. Die maximale Verarbeitungskapazität unterliegt ermüdungsbedingten Tagesschwankungen, ist individuell jedoch relativ konstant. Strömt wenig Information pro Zeiteinheit ein, kann über einen längeren Zeitraum wahrgenommen werden; kommt viel Information pro Zeiteinheit an, wird die Speicherkapazität in kürzerer Zeit ausgeschöpft. Das variable Verhältnis von Informationsmenge und Zeit bildet den Informationsfluß, der im Lehrprozeß die maximale Verarbeitungskapazität des Lernenden nicht überschreiten darf.
Betrachten wir Information als ein Maß für das Unbekannte (Neue), so läßt sich ein Lernprozeß mit Hilfe des Informationsflusses wie folgt veranschaulichen: Sitzen wir das erste Mal hinter dem Lenkrad eines stehenden Autos, ist alles unbekannt, und eine große Menge an Information strömt auf uns ein. Mit der Gewöhnung an das Auto und seine Einrichtung kommt es zum Abbau von Unbekanntem und zum Freiwerden von Verarbeitungskapazität für Neues. Fahren wir das erste Mal mit dem Auto, so fahren wir in der Regel langsam, da neben den Informationen aus dem umgebenden Verkehr noch Informationen für das Bedienen des Autos verarbeitet werden müssen. Durch langsames Fahren wird also der zentralnervösen Verarbeitung weniger Information pro Zeiteinheit ‹zugemutet›, um Kapazitäten für die Bedienung des Autos frei zu haben. Ist die Bedienung des Autos vollkommen automatisiert, d. h. nichts Unbekanntes mehr vorhanden, können die frei gewordenen Kapazitäten für zügigeres Fahren genutzt werden. Dies entspricht einer Zunahme an Neuem (Information) in gleicher Zeit und führt daher wieder zum gleichen Informationsfluß. Lernen wird daher auch oft als *Abbau von Information* bezeichnet (von Cube 1982).
Entsprechend der Variation von Informationsmenge und Zeit lassen sich bekannte lernmethodische Merksätze strukturell zuordnen.

Variation	Merksatz
... der Informationsmenge	Vom Bekannten zum Unbekannten (Neuen) Vom Einfachen zum Komplexen (Vom Leichten zum Schweren)
... der Zeiteinheit	Vom Langsamen zum Schnellen

Erst das Bekannte und dann das Neue trainieren

Selbst bei automatisierten Bewegungsabläufen läßt sich oft nicht vermeiden, daß nach einer mehrtägigen Pause grobe Fehler auftreten. Dieser Effekt tritt vermehrt nach dem Erlernen neuer Bewegungen auf. Daher ist es zweckmäßig, innerhalb der Übungsreihe mit bekannten Bewegungen der letzten Trainingseinheit zu beginnen, bevor neue Übungen hinzukommen. Dies ist insbesondere wichtig, wenn die neuen Übungen auf den vorherigen aufbauen.

Erst die Bewegung vereinfachen und später komplex ausführen

Bei komplexen Ganzkörperbewegungen wie dem Lauf können durch entsprechende Koordinationsübungen Teilbewegungen gezielt trainiert werden, was die bewußt zu verarbeitende Informationsmenge einschränkt. In extremen Fällen werden Bewegungen sogar vollständig in Teilbewegungen zerlegt, die dann isoliert gelernt und, wenn die Teilbewegung beherrscht wird, zur Gesamtbewegung wieder zusammengefügt werden. Zuerst sollten dabei solche Teile erlernt werden, die physiologische und biomechanische Voraussetzungen für die Ausführung der darauf aufbauenden Übungen schaffen.
Eine Variation bildet die Aufmerksamkeitslenkung auf einzelne Aspekte der Bewegung. Das vollständige Ausführen der Sprint-/Laufbewegung im Rahmen der Koordinationsübungen hat den Vorteil, daß andere Teile der Bewegung weiter unbewußt automatisiert werden, d. h. Information abgebaut wird, und der Athlet gleichzeitig eine Unterscheidung und Abgrenzung ähnlicher Bewegungen vollziehen kann (Variabilität des Trainings). Durch die Konzentration auf einzelne Aspekte der Gesamtbewegung wird die bewußt zu verarbeitende Informationsmenge reduziert, um Kapazitäten für die Korrektur der falschen Bewegung zur Verfügung zu stellen.

Die Bewegungen erst langsam und später schneller ausführen

Durch eine langsamere Bewegungsausführung (Reduktion des Informationsflusses) ist der Lernende in der Lage, die Teile der Bewegungsempfindungen noch während der Ausführung bewußt zu verarbeiten. Dabei ist im Anfangsstadium in erster Linie auf räumliche Aspekte wie Fuß- oder Kniewinkel zu achten und erst im fortgeschrittenen Stadium auf die räumlich-zeitlichen Merkmale der Bewegung, wie Winkelgeschwindigkeiten (MARTENIUK et al. 1983, MARTENIUK 1986).
Berücksichtigt man den großen Einfluß des unbewußten Lernens, so wird ferner deutlich, daß neu- und umgelernte Bewegungen nicht zu früh zu schnell ausgeführt werden sollten, da es gerade bei zu schneller Ausführung häufig zu Rückfällen auf alte, falsche Bewegungsmuster kommt und diese gefestigt werden.

Auch sollten neu- oder umgelernte Bewegungen nicht zu früh in Streßsituationen wie Wettkämpfen ausgeführt werden, da emotionale Effekte verstärkenden Charakter haben.

Lernen durch Variation

Das Prinzip des Abbaus von Information ist auch in physiologischen Prozessen der Sinnesrezeptoren zu beobachten. Ein charakteristisches Merkmal der Sinnesrezeptoren beim Menschen ist ihre zeitlich abhängige Adaptation an Reize. Hat sich ein Rezeptor an einen Reiz ‹gewöhnt›, reagiert er erst wieder auf eine Änderung dieses Reizes. Zum Beispiel führt längeres Tragen einer Armbanduhr dazu, daß wir sie nach einer gewissen Zeit nicht mehr wahrnehmen. Erst wenn wir uns auf die Armbanduhr konzentrieren oder sie bewegen, wird sie uns wieder bewußt. Ein ähnliches Verhalten zeigt auch das Zentrale Nervensystem in bezug auf Bewegungen. Ist eine Bewegung automatisiert, so kann sie erst durch das Lenken der Aufmerksamkeit oder durch Variation der Bewegungsbedingungen geändert werden.
Das gleiche Prinzip bildet die Grundlage für das Training der überwiegend stoffwechselbedingten Sportarten. Hier wird durch die Variation von Intensität, Dauer und Wiederholungszahl der Reizeinwirkungen sowie durch Variation der Pausengestaltung eine ständige Adaptation an höhere Belastungen provoziert (vgl. LETZELTER 1978).
Neben den Schwankungen, die durch das Nerv-Muskel-System bedingt sind, wird der Lernprozeß prinzipiell durch drei zusätzliche Variationsmöglichkeiten ‹von außen› gefördert:
- Unterschiede in der räumlichen Bewegungsausführung,
- Unterschiede in der zeitlichen Bewegungsausführung,
- Lenkung der Aufmerksamkeit auf einzelne Aspekte der Bewegung.

Ziel aller drei Variationen ist, durch eine veränderte Impulsaufnahme aus den Sensoren der Peripherie und die Impulsabgabe zu den Muskeln – sowie durch veränderte zentralnervöse Verarbeitungsprozesse – Mechanismen auszulösen, die zu einer selbstorganisierten Adaptation an die ‹geforderten› Bedingungen führen. Die entsprechenden Bedingungen werden durch spezifische Anweisungen bzw. Auswahl an Übungsformen und durch ‹zwingende Maßnahmen› (Gelände, Gerätehilfen) geschaffen.
Während die Aufmerksamkeitslenkung durch spezifische Anweisungen in stärkerem Maße von psychologischen Prozessen abhängt (vgl. SEILER et al. 1994), werden durch die Auswahl an Übungsformen und die ‹zwingenden Maßnah-

men› primäre Veränderungen der sensorischen und motorischen Impulsmuster durch äußere Bedingungen erzielt. Sensomotorische Impulsmuster können beim Laufen strukturell durch die Veränderung folgender Parameter variiert werden:

- räumlicher Aspekt:
  Bewegungsumfänge der Gelenke,
  Körperseite: links – rechts,
  Extremitäten: Arme/Beine,
- zeitlicher Aspekt:
  Bewegungsgeschwindigkeit.

Durch den Bewegungsumfang wird die räumliche Amplitude einer Bewegung bezüglich eines Gelenks verändert. Die Variation der Bewegungsgeschwindigkeit ist verbunden mit einer zeitlichen Änderung der Impulsmuster und kann mit Hilfe der Dauer, die für eine bestimmte Distanz benötigt wird, beschrieben werden.

Anhand dieser Parameter läßt sich eine Vielzahl an Übungsformen herleiten, die am Beispiel von drei Parametern in Abbildung 17 veranschaulicht werden und in den Trainingsprogrammen enthalten sind. Nehmen wir in bezug auf die Bewegungsgeschwindigkeit und den Bewegungsumfang jeweils zwei extreme Ausprägungen an, nämlich langsame und schnelle bzw. große und kleine Bewegungen, so ergibt dies für jede Körperseite vier Ausführungsmöglichkeiten. Da es sich beim Laufen um eine zyklische Bewegungsform handelt, bei der sich das

Abbildung 17: Schema zu den Kombinationsmöglichkeiten bei Koordinationsaufgaben

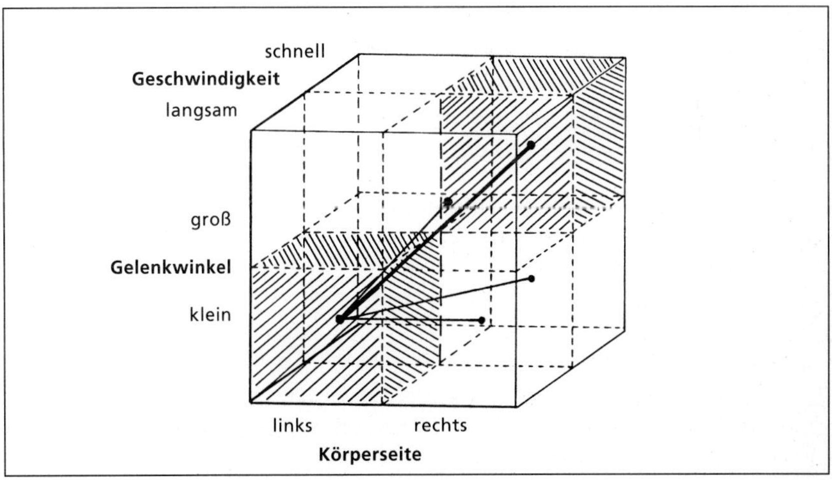

linke und rechte Bein in ihrer Tätigkeit abwechseln, stehen für die Beine schon vier mal vier (16) Kombinationen zur Verfügung. Eine große langsame Bewegung der linken Seite wird mit einer kleinen langsamen der rechten Seite verbunden oder eine kleine schnelle der einen Seite mit einer großen langsamen der anderen usw. Durch Laufen bei leichtem Gefälle werden z. B. die Bewegungsformen beider Körperseiten schneller. Durch Tragen von unterschiedlichem Schuhwerk bzw. Gewichten am linken und rechten Bein werden die Bewegungsausführungen unterschiedlich schnell und zusätzlich Variationen im taktilen Bereich erzielt (Sensibilisierung). Wird das linke Bein angeferst und das rechte vorne hochgehoben, sind die Bewegungsumfänge sowohl im Hüft- als auch Kniegelenk unterschiedlich.

Berücksichtigen wir zu den 16 Kombinationen der Beine zusätzlich die Koordinationsarbeit ‹mit und ohne Arme›, dann ergeben sich doppelt so viele Übungsmöglichkeiten. Es stehen also schon bei Kombination von zwei Modi pro vier Parameter eine relativ große (32) Anzahl an koordinativen Variationsmöglichkeiten für den sensomotorischen Lernprozeß zur Auswahl.

Da zuviel Variation die individuelle Verarbeitungskapazität vor allem zu Beginn des Lernprozesses überfordern kann, sollten *die Übungsbedingungen zunächst konstant gehalten und später variiert werden*. Damit soll die Festigung des Grundbewegungsmusters im Langzeitspeicher ermöglicht werden. Mit fortschreitendem Lernprozeß sollten hingegen die Ausführungsbedingungen immer variabler gestaltet werden, um die Zielbewegung auch bei unerwarteten Bedingungen erfolgreich durchführen zu können (variable Verfügbarkeit der Bewegungstechnik als Endstadium des Lern- und Trainingsprozesses).

Ist es nicht möglich, einen Bewegungsfehler durch die Anweisung des Lehrers/Trainers auf einzelne Aspekte oder Übungskombinationen zu korrigieren, können auch bewußt falsche Bewegungsformen eingebaut werden. Da der Bewegungsfehler aufgrund der Automatisierung keine Information für den Sportler mehr darstellt, wird durch die ‹falsche› Übungsbedingung Information erzeugt, d. h. durch kontrastierende (übertriebene) Bewegungen (z. B. mit extrem gebeugten Knien laufen) wird der Fehler bewußtgemacht.

Die Informationsausgabe – Die Impulsmuster unterliegen Schwankungen

Die Impulsmuster des Zentralen Nervensystems werden über Nervenbahnen an die unterschiedlichen Körperpartien geleitet, wo es durch Depolarisation (Änderung der elektrischen Ladung) der Muskelmembran zur Kontraktion der Muskulatur kommt.

Da eine komplexe Bewegung nicht nur durch die Kraft mehrerer Muskeln zustande kommt, sondern zusätzlich von Gravitations- und Trägheitskräften beeinflußt wird, kann davon ausgegangen werden, daß bei keiner Bewegung die Wiederholung völlig identisch ist. Variierende Bedingungen erfordern eine ständige Anpassung der Muskulatur und des ZNS. Eine Form der Anpassung des ZNS an variierende äußere Bedingungen sind Schwankungen des Impulsmusters (EMG) bei jeder Bewegungsausführung. Häufig werden diese Schwankungen auch als notwendige Fehler des Systems bezeichnet, da nur ein System, das Fehler macht, auch lern- und anpassungsfähig ist (Zanone et al. 1991). Ein weiterer Vorteil variabler Übungsbedingungen besteht darin, daß der Sportler lernt, das eigentliche Bewegungsziel gegen variierende äußere Bedingungen ‹abzusichern›, d. h. der Sportler wird befähigt, in unterschiedlichsten Situationen adäquat zu reagieren und die Bewegung modifiziert auszuführen.

Einen Hinweis auf die Art der Impulserzeugung liefert die Menge an Überträgerstoffen im Gehirn. Den größten Anteil nimmt ein hemmender Überträgerstoff namens GABA (Gamma-Amino-Butter-Säure) ein. Dies läßt vermuten, daß die Hemmung von bestimmten Muskelgruppen einen wesentlichen Bestandteil des zentralnervösen Lernprozesses darstellt. Elektromyographisch läßt sich dies durch die Abnahme von Co-Kontraktionen während eines motorischen Lernprozesses beobachten. Sind im Anfängerbereich häufig Strecker (Agonisten) und Beuger (Antagonisten) gleichzeitig (simultan) aktiviert und dadurch gegenseitig in ihrer Wirkung gehemmt, erfolgen die Muskelkontraktionen im fortgeschrittenen Bereich eher nacheinander (sukzessiv). Neben der Möglichkeit mit Hilfe sukzessiver Kontraktionen größere Geschwindigkeiten zu erzeugen, kommt es zusätzlich zu einer Ökonomisierung der Lauf/Sprintbewegung. Der aktive Muskel arbeitet im fortgeschrittenen Stadium nur noch gegen die Last des Körperteils und nicht mehr gegen die Muskelkraft des Antagonisten, der sich in dieser Phase zusätzlich noch erholen kann. Ein ähnliches Phänomen ist bei Ermüdung zu beobachten. Bei ermüdeten Sportlern kommt es meist zu ‹steifen› und ‹verkrampften› Bewegungsabläufen. So fängt nach längerem Laufen der Oberkörper an, unruhig zu werden, oder der Tennisschläger macht jede Bewegung des Körpers mit und kann nicht mehr isoliert bewegt werden.

Als Ursache hierfür wird, neben muskelphysiologisch bedingten Ermüdungsprozessen, ebenfalls eine zentralnervöse Beeinträchtigung der Hemmwirkung des Überträgerstoffs GABA angenommen. Durch die Entstehung von Ammoniak bei intensiver Muskelarbeit und beim Abbau von Eiweiß im Gehirn wird die Produktion von GABA gehemmt und somit die Funktion der hemmenden Synapsen gestört (Mutch et al. 1983). Daher wird Bewegungskoordination oft auch als die Fähigkeit bezeichnet, *die richtigen Muskeln zum richtigen Zeitpunkt zu entspannen.* Dies wird überwiegend durch Übungen trainiert, die ein schnelles Wechseln von Kontraktion und Entspannung erfordern.

Bewegungstechniken in häufigen und kurzen Einheiten trainieren

Eine praktische Konsequenz der zentralnervösen Ermüdung innerhalb einer Trainingseinheit und die damit verbundene Abnahme der Gedächtnisleistung ist, daß Koordinationsübungen nicht über zu lange Zeiträume, dafür aber häufiger trainiert werden sollten. Die Dauer der Trainingseinheiten ist jedoch so zu wählen, daß genügend Zeit zur Festigung der Erregungsmuster der gelernten Bewegung bleibt.

Die Pause zwischen zwei Trainingseinheiten sollte lang genug sein, um die körperliche Erholung sowie die «unbewußte Reifung» der gelernten Bewegungen zu ermöglichen (die Informationsverarbeitung im ZNS wird sogar im Schlaf noch fortgesetzt). Um Vergessens- und Interferenzeffekte zu vermeiden, muß sie andererseits zeitlich begrenzt sein. Daher ist eine Bewegungstechnik besser «häufig und kurz» als «selten und lang» zu trainieren.

Im wesentlichen ergeben sich für das Lernen einer Sprint- bzw. Lauftechnik folgende praktische Hinweise:

- möglichst unterschiedliche Sinnsysteme (Sehen, Hören, Fühlen etc.) zum Bewegungslernen einsetzen,
- komplexe Bewegungen bzw. Bewegungsfolgen vereinfachen (nicht zerlegen), dann sukzessive schwerer gestalten,
- bei der Ausführung von Ganzkörperbewegungen auf einzelne Aspekte konzentrieren,
- neue Bewegungen zuerst langsam, dann schneller ausführen,
- Übungsbedingungen zunächst konstant halten und dann variieren,
- zuerst Bekanntes, dann Neues üben,
- durch Kontrast und Zwang aus der Sackgasse führen,
- den Lernprozeß variabel und abwechslungsreich gestalten,
- Bewegungstechniken in häufigen, jedoch kürzeren Einheiten lernen.

Tips für Trainer und Lehrer

Durch den Trainer/Lehrer bekommt der Athlet Rückmeldungen von außen, die es ihm erlauben, die Informationen der eigenen Sinnesorgane mit den Informationen des Lehrers/Trainers zu vergleichen und zu objektivieren. Vor allem im Anfängerstadium bestehen oft große Differenzen zwischen den eigenen Empfindungen und den tatsächlich beobachtbaren. Die Unterstützung des Lernprozesses mit Information von außen führt dabei vor allem zu einer schnelleren und besseren Bewältigung von Lernsituationen (THORHAUER 1974, RAMELLA 1984, MONTARE 1985, 1988, BENNETT/SIMMONS 1984).
Der Lernerfolg ist abhängig von Informationsinhalt, -umfang, -zeitpunkt, -häufigkeit und -modalität.

Der *Informationsinhalt* einer Traineranweisung sollte nur solche Bewegungsmerkmale einschließen, die aus biomechanischer Sicht einen hohen Einfluß auf die Bewegung haben. Dabei sind Anweisungen deutlich von Fehlerbeschreibungen zu unterscheiden. Wird ausschließlich eine Fehlerbeschreibung gegeben, bleibt es dem Sportler nach dem Prinzip des Versuchs und Irrtums überlassen, die Bewegung zu ändern. In der Traineranweisung hingegen sind konkrete Handlungsvorschriften enthalten. Für eine erfolgreiche Verständigung zwischen Trainer und Athlet bzw. Lehrer und Schüler ist ein gemeinsamer Wortschatz (Zeichenvorrat) Voraussetzung. Kann ein Athlet eine Anweisung nicht umsetzen, sollte die Anweisung geändert werden. Hierbei ist zu berücksichtigen, daß die Verständigung in starkem Maße von der Bewegungsvorstellung bzw. der Sicht des Sportlers seiner eigenen Bewegung abhängt. Es gilt zunächst herauszufinden, inwiefern sich der Athlet in der ‹Außen›- oder in der ‹Innensicht› wahrnimmt. Geometrisch entspricht die Außensicht einem raumfesten und die Innensicht einem körperbezogenen Koordinatensystem. Entsprechend sind die Anweisungen raum- oder körper(sportler)bezogen ausgerichtet. ‹Mach einen längeren Schritt› ist eine raumbezogene, wohingegen ‹Streck das Bein länger› eine körperbezogene Anweisung darstellt.

Der *Informationsumfang* sollte nicht zu groß sein, d.h. eine Bewegungskorrektur darf nicht sämtliche Bewegungsfehler beinhalten, da dies zu einer Überforderung bzw. Informationsüberflutung beim Lernenden führt. Bewegungsanweisungen sollten sich nur auf ein oder zwei (wichtige) Fehler beziehen, bis diese abgestellt werden. Erst danach wird die Korrektur weiterer Fehler vorgenommen. Hier sind wiederum die räumlichen Bewegungsfehler zuerst zu beheben, bevor die ‹Dynamik› der Bewegung optimiert wird.

Beim *Informationszeitpunkt* wird in erster Linie zwischen Korrekturanweisungen unterschieden, die während der Bewegungsausführung (Synchroninformation) und unmittelbar nach einem Bewegungsversuch (Schnellinformation) vermittelt werden. Die Synchroninformation bietet gerade bei Koordinationsübungen im Sprint die Möglichkeit, die Bewegungsausführung schon beim nächsten Schritt zu korrigieren und somit die Anzahl der falschen Ausführungen zu reduzieren. In den meisten Fällen erfolgen die Bewegungskorrekturen als Schnellinformation nach der Bewegungsausführung. Dabei ist einerseits zu beachten, daß die Dauer zwischen Versuchsende und Rückmeldung nicht zu lang ist, damit möglichst viele Bewegungsempfindungen im Gedächtnis des Lernenden präsent bleiben. Andererseits darf nach einem Bewegungsversuch der Abstand auch nicht zu kurz sein, um dem Sportler zunächst eine eigene Verarbeitung der Sinneseindrücke zu ermöglichen (WULF 1994).

Die *Informationshäufigkeit* hat entscheidenden Einfluß auf Dauer und Festigkeit der gelernten Fertigkeiten. Hierbei benötigt ein Anfänger häufiger Trainerrückmeldungen als ein Fortgeschrittener aufgrund der vergleichsweise schlechteren Selbsteinschätzung. Mit fortschreitendem Lernprozeß sollten Anweisungen immer seltener gegeben, sollte öfter die Selbsteinschätzung des Sportlers verlangt werden, um einerseits die Gefahr einer «Fremdregulation» der Bewegungen zu vermeiden (PÖHLMANN/BERNIEN 1981) und andererseits die Speicherung des Bewegungsmusters zu fördern (WULF 1994).

Die *Informationsmodalität* beschreibt die Form, in der die Rückmeldung dem Sportler übermittelt wird. Die Rückmeldung kann visuell (Mimik, Demonstration, Bilder, Grafiken, Texte etc.), auditiv (Stimme, Laute, Ton etc.), verbal (Text, gesprochenes Wort) oder nicht-verbal (Bilder, Zeichnungen etc.) übermittelt werden. Die zweckmäßigste Informationsmodalität ist dabei von der Komplexität der zu erlernenden Bewegung, vom Alter und von der Bewegungserfahrung des Sportlers abhängig. Im allgemeinen führen visuelle-nicht-verbale Informationen (Zeichnungen, Bilder, Videoaufzeichnungen) vor allem im Anfangsstadium des Lernprozesses und bei Kindern zu besseren Lernfortschritten als akustisch-verbale Informationen. Auch hier gilt das Prinzip der variablen Nutzung unterschiedlicher Sinnsysteme, d. h. die einzelnen Informationsformen ergänzen sich im Rahmen einer Bewegungskorrektur. Eine heute häufig angewandte Informationsmodalität ist die Videorückmeldung. Bei Auswertung dieses Informationsmediums im motorischen Lernprozeß ist vor allem auf die Einschränkungen der visuellen Wahrnehmung zu achten, um eine optimale Wirkung der Rückmeldung zu erzielen. Videoinformationen sind wirkungsvoller, wenn die Videoaufnahme mehrfach gezeigt wird (mindestens dreimal), wenn die Darstellung in verlangsamter Geschwindigkeit erfolgt (wobei eine vierfache Zeitlupe bessere Ergebnisse als eine zweifache Zeitlupe aufweist) und wenn die Aufmerksamkeit des Lernenden auf die wichtigen Aspekte der Bewegung während der Darstellung gelenkt wird (DAUGS/BLISCHKE/OLIVIER 1989).

Wichtig ist:
- die Sprache des Athleten zu sprechen,
- nur ausgewählte, nicht zuviel Information in einer Anweisung zu vermitteln,
- Anweisungen gegenüber Fehlerbeschreibungen zu bevorzugen,
- Anweisungen während und nicht zu kurz nach einer Bewegung zu geben,
- Selbsteinschätzung des Athleten zu fordern,
- durch variable Anweisungen und Übungen die grundlegenden Prinzipien der Bewegung bewußtzumachen.

Die Sprint- und Laufschule

Der Sprintschritt

Die Rumpf-Kopf-Haltung

Beim Sprint wird der Haltung des Rumpfes meist wenig Bedeutung beigemessen. Häufig wird sie lediglich als Folge von Fehlern, selten jedoch als Fehlerursache gesehen. Der Einfluß der Rumpfhaltung kann dem Sportler durch zwei einfache Übungen bewußtgemacht werden.

Übung 1

Im lockeren Trab (beim Einlaufen) läßt der Läufer lediglich den Oberkörper nach vorne fallen und richtet ihn dann wieder auf. Da man in der Regel beim Nach-vorne-Fallen schneller und beim Aufrichten wieder langsamer wird, lernt er so die Möglichkeit der Geschwindigkeitsregulation mit Hilfe des Oberkörpers kennen. Diese Übungsform eignet sich auch sehr gut bei Steigerungsläufen, wobei der Läufer den Oberkörper immer wieder vorfallen läßt und wieder aufrichtet.

Übung 2

Ebenfalls im lockeren Trab soll der Läufer nun versuchen, die Lenden-Wirbelsäule zum Bauchnabel zu bringen, ohne dabei die Schultern nach hinten zu schieben. Normalerweise ist eine leichte Geschwindigkeitszunahme zu spüren, solange die ‹Wirbelsäule nach vorne gedrückt› wird.

Durch diese Übung wird ein Abkippen des Beckens bewirkt, das der ischiocruralen Muskulatur eine größere Vorspannung verleiht und zu einer größeren Kraftentwicklung während der Stützphase führt.

Da der Rumpf sowohl die Reaktionskräfte der Bein- als auch der Armbewegungen tolerieren muß, sollte die Rumpfhaltung funktionell, d. h. aufrecht und nicht zu verkrampft, sein und beim Sprint mit Oberkörpervorlage sogar eine ausgeprägtere Lendenlordose (leichtes Hohlkreuz) aufweisen.

Häufige Fehler bei der Rumpf-Kopf-Haltung

Fehler	Wirkung	Korrektur
Kopf nach unten geneigt	Führt zu einer verstärkten Krümmung der Wirbelsäule und verhindert damit die optimale Kraftübertragung der Beine auf den Rumpf sowie die Impulsübertragung der Arme auf den Rumpf; ist langfristig mit Wirbelsäulenproblemen verbunden.	– Ziel in der Ferne anvisieren. – Vorne auf die Hände achten. – Brust nach vorne.
Kopf nach hinten/oben	Bewirkt eine Überstreckung der Wirbelsäule und kann bis zur Rücklage des Oberkörpers führen.	– Trikot mit dem Mund festhalten.
Rundrücken (wird oft als Folge beobachtet, wenn die Knie höher angehoben werden)	Führt zu einer ‹sitzenden› Haltung und dadurch zu einer mangelhaften Ausführung der hinteren Stützphase – meist ein Zeichen für schlecht entwickelte Rumpfmuskulatur.	– Brust nach vorne drücken. – Stolz und aufrecht laufen. – Gymnastik.
Rücklage des Rumpfes	Führt zu einer mangelhaften Kraftübertragung der Beine auf den Rumpf und zu Fehlbelastungen im Lendenwirbelbereich.	– Einfluß der Rumpfposition bewußt machen. – Koordinationsarbeit im Gelände, Hang auf- und abwärts.

Die Armarbeit

Beim Laufen und speziell beim Sprint hat die Armarbeit vier wesentliche *Funktionen*:

- Die Arme gleichen die Seitwärtsbewegungen des Rumpfes aus und sorgen somit für eine relativ geradlinige Bewegung des Körperschwerpunkts ohne große seitliche Schwankungen.
- Beide Arme sollen den Drehimpuls um die Körperlängsachse ausgleichen, der durch die Beine erzeugt wird.
- Die Reaktionskraft, die während der Aufwärtsbewegung der Arme entgegengesetzt nach unten wirkt, sorgt für eine erhöhte Kraftentwicklung der Beinstreckmuskulatur.
- Durch das Abbremsen der Arme am Umkehrpunkt wird der Impuls der Arme auf den Körper übertragen und führt dadurch in Verbindung mit Punkt 2 zu einer größeren Schrittlänge. Eine optimale Wirkung wird jedoch nur erzielt, wenn die Arme am Umkehrpunkt abbremsen, bevor das Stützbein den Boden verlassen hat.

Als Faustregel für die *Haltung* der Arme während des Schwingens gilt: ein Ellbogenwinkel von 90 Grad sowie gestreckte Hände und gestreckte Finger. Auch wenn sicher bei jedem Sportler eine individuelle Ausprägung – ein persönlicher Stil – deutlich wird, hat die Faustregel u. a. den Vorteil, daß der Sportler seine eigene Armarbeit bei entsprechender Anweisung durch zusätzliche Sinnessysteme (optisch, taktil) selbst kontrollieren kann. In dieser Armhaltung sollten die Finger vorne bis in Augenhöhe schwingen und nach hinten soweit, daß die Finger gerade noch den Hüftknochen berühren. Die beiden entsprechenden Anweisungen wären dann: «Guck (bei gerader Kopfhaltung) vorne die Finger an!» bzw. «Bring die Finger zum Hüftknochen!»

Armhaltung beim Sprint

Aufgrund der funktionell-anatomischen Verbindung des Schultergelenks kann durch die Haltung der Arme auch die des Rumpfs beeinflußt werden. Da die Rumpfhaltung einen wesentlichen Einfluß auf die Stellung des Beckens hat und beide die Effektivität der Sprint- und Laufbewegung maßgeblich bestimmen, liefern die Arme eine Möglichkeit des indirekten Einflusses. Die Koordinationsübungen sollten daher auch mit unterschiedlichen Armhaltungen (siehe Fotos) ausgeführt werden.
Bei der Haltung der Arme zur Seite ist darauf zu achten, daß die Handflächen nach oben zeigen. Dadurch wird der Arm außenrotiert und führt über die Schultermuskulatur zu einem Aufrichten der Oberkörperhaltung.

Arme nach vorne

Arme nach oben

Arme zur Seite

Häufige Fehler bei der Armarbeit

Fehler	Wirkung	Korrektur
Der Oberarm wird bei der Rückwärtsbewegung nur bis zur Rumpfachse geführt und der Unterarm dann nach unten gestreckt.	Der Drehimpuls um die Körperlängsachse, den der vordere Arm auslöst, wird nicht vollständig ausgeglichen und führt dadurch zu einer ‹unruhigen› Oberkörperhaltung. Sehr häufig bewirkt dieser Fehler auch eine Rundrückenhaltung und eine ‹sitzende Haltung› beim Sprint.	– Ellbogen hinten hochziehen.
‹Nachschwingen› von Unterarm und Hand am vorderen und hinteren Umkehrpunkt, d. h. Ober-, Unterarm und Hand werden nicht festgestellt, bevor der Stützfuß den Boden verläßt.	Der Impulsübertrag auf den Körper und damit auch die Schrittlänge wird verringert.	– Hand und Finger strecken und steif halten.
Arme schwingen vorne höher als in Augenhöhe.	Aufgrund des längeren Wegs, den die Arme zurücklegen, wird es schwerer, im entsprechenden Zeitraum (solange Bodenkontakt besteht) die Arme anzuhalten. Ferner weisen die Schwungelemente vermehrt Komponenten auf, die nicht in Bewegungsrichtung und damit nicht zur Vorwärtsbewegung beitragen.	– Arme vorne bewegen. – Die Arme ziehen aus dem Körper heraus.
Arme werden nicht in Laufrichtung geführt, sondern diagonal.	Der Impuls der Arme geht quer zur Bewegungsrichung und verringert dadurch die Schrittlänge, oft auch mit einer Rundrückenhaltung verbunden.	– Handflächen nach oben (Unterarme nach außen drehen).

Koordinationstraining zu den fünf Phasen des Sprintschritts

Die Übungen sollten zunächst einzeln geübt und erst bei fortgeschrittener Automatisierung komplex verknüpft werden (vgl. Trainingsprogramme). Da die Koordinationsübungen anfangs sehr stark die Konzentration eines Sportlers beanspruchen und damit relativ schnell zu zentralnervösen Ermüdungen führen können, sollte das Koordinationstraining im *Anfängerstadium 10 bis 15 Minuten* nicht überschreiten. Jede Übung über 20 m soll jeweils dreimal durchgeführt werden. Der Umfang ist so bemessen, daß es während eines Übungsdurchgangs zu keiner Ermüdung kommt. Die Übungen sollten lieber häufiger und mit entsprechender Pause (Gehpause) wiederholt werden als einmal lange und ohne Pause. Dies bezieht sich sowohl auf eine Trainingseinheit als auch auf einen Trainingszyklus. In einer Trainingseinheit heißt dies: *lieber fünfmal 20 m als einmal 100 m*, im Wochenzyklus entsprechend: *lieber jeden Tag 10 Minuten als einmal die Woche eine Stunde üben*. In fortgeschrittenem Stadium sollte zuerst die Anzahl der Wiederholungen gesteigert werden und dann die Distanz.
Als angemessener Rhythmus zum Erlernen der entsprechenden Übungen hat sich zunächst ein Fünfer-, dann ein Dreier- und am Ende ein Einer-Rhythmus herauskristallisiert, d. h. anfangs werden die Übungen nach jeweils fünf Schritten gewechselt, dann nach drei und am Ende bei jedem. Um in einem fortgeschrittenen Stadium größere Trainingseffekte in bezug auf die Sprintausdauer zu erzielen, sind die Zyklenzahlen entsprechend zu erhöhen.

Zielübung Aktive Fußgelenksarbeit

Aktive Fußgelenksarbeit (AFG)

Mit dieser Koordinationsübung soll das aktive Aufsetzen des Fußes in Verbindung mit der vorderen Stützphase trainiert und bewußtgemacht werden. Durch das aktive Aufsetzen des Fußes kommt es zu einer optimalen Voraktivierung und Arbeitsweise der primär am Vortrieb beteiligten Muskulatur (vgl. S. 30 ff). Ziel des Übungsprogramms ist zunächst der peitschenartige Fußaufsatz nach vorherigem Anziehen der Fußspitzen. Um den Fußaufsatz peitschenartig gestalten zu können, muß die Fußspitze so lange wie möglich angezogen werden. Diese zunächst primär vertikal (nach unten) gerichtete Kraft dient in erster Linie dazu, die Aktivität des zweigelenkigen Wadenmuskels (M.gastrocnemius) ins Bewußtsein zu rufen, der auch im Kniegelenk beugt. Durch die anfangs betont vertikale Komponente werden die Vorwärtsgeschwindigkeit und die Informationen für den Sportler reduziert. (Oft wird durch eine zu große Vorwärtsgeschwindigkeit des Übenden ein ‹falscher› Fußaufsatz provoziert, da der Athlet durch diesen das Tempo reguliert.) Das aktive Strecken des Fußgelenks soll später mit einem gleichzeitigen Heranziehen des Unterschenkels verbunden werden. Erst durch dieses Greifen des Unterschenkels kommt es zum Ausschöpfen der individuellen Möglichkeiten.

Da diese Übungsform erfahrungsgemäß die schwierigste ist und deshalb am häufigsten geübt werden sollte, wird eine etwas ausführlichere und vielseitigere Hinführung zur Zielübung beschrieben.

Aktive Fußgelenksarbeit (AFG)

Aktive Fußgelenksarbeit (AFG)

Ausgangsposition

Einbeinstand, Arme hängen lassen, Kopf gerade. Am frei hängenden Bein die Fußspitze bei leicht gebeugtem Knie anziehen (Dorsalflexion), Ferse absenken und knapp über dem Untergrund halten.

Bewegungsausführung

Den Fußballen aktiv gegen den Untergrund schlagen (Sprunggelenk strecken – Plantarflexion).

Lernhinweis

Ferse bis zum Bodenkontakt nicht anheben, Knie- und Hüftgelenk fest lassen. Der Bodenkontakt soll senkrecht unter dem Knie stattfinden, damit die Bewegung isoliert durch die Sprunggelenkstreckung und nicht über die Knie- oder Hüftstreckung durchgeführt wird. Die Qualität der Ausführung kann selbst anhand der Lautstärke des Bodenkontakts kontrolliert werden. Je besser das aktive Aufsetzen, desto lauter der erzeugte Ton. Linkes und rechtes Bein öfters abwechseln, ‹Krach machen›.

Die Übung auch mit geschlossenen Augen und mit Armarbeit ausführen.

Fußspitze angezogen

Fußspitze am Boden

Aktive Fußgelenksarbeit im Trab

Ausgangsposition

Einbeinstand, Arme hängen lassen, Kopf gerade.

Bewegungsausführung

Beginnen wie bei der vorherigen Übung, nach drei aktiven Sprunggelenkstreckungen im Stehen den Körper leicht nach vorne verlagern und zum langsamen Laufen (Traben) kommen.

Lernhinweis

Einbeinig ‹Krach machen›. In fortgeschrittenem Stadium kann direkt im Traben mit einem einseitigen aktiven Fußaufsatz begonnen werden.

Übung	Bemerkung	Umfang
Im Traben 5mal aktiver Fußaufsatz rechts, dann direkter Wechsel, 5mal aktiver Fußaufsatz links (5er-Rhythmus).	Durch den direkten Wechsel von links nach rechts und umgekehrt kommt es unmittelbar beim Wechsel zur Aufeinanderfolge des aktiven Fußaufsatzes auf beiden Seiten.	Anf.: 3 × 3 Zyklen (20 m) Fort.: 5 × 4 Zyklen (40 m)
Wie vorherige Übung, jedoch nur 3mal aktive Fußaufsätze pro Seite (3er-Rhythmus).	Rhythmus mit Betonung des Wechsels selbst vorsprechen oder durch Trainer vorsprechen lassen: «Links ... links ... links rechts ... rechts ... rechts links ...»	Anf.: 3 × 5 Zyklen (20 m) Fort.: 5 × 5 Zyklen (40 m)
AFG beidbeinig	Basisübung	Anf.: 3 × 20 m Fort.: 5 × 40 m
AFG 3mal rechts, 3mal links, 3mal beide Füße.		Anf.: 3 × 20 m Fort.: 5 × 30 m
AFG mit Armarbeit		Anf.: 3 × 20 m Fort.: 5 × 30 m
Jeweils 5 Schritte mit Armarbeit, dann 5 Schritte Arme hängen lassen usw., 3 Zyklen. Fortgeschrittene im 3er-Rhythmus.		Anf.: 3 × 20 m Fort.: 5 × 30 m

Aktive Fußgelenksarbeit mit gebeugten Knien

Ausgangsposition

Gebeugte Knie, aufrechter Oberkörper.

Bewegungsausführung

Nach drei aktiven Sprunggelenkstreckungen im Stehen (bekannte Übung), den Körper nach vorne verlagern und zum langsamen Laufen (Traben) kommen.

Lernhinweis

‹Krach machen›. Nicht zu weit in die Hocke gehen, da sonst die Oberkörper- und Beckenhaltung im Vergleich zum gewöhnlichen Sprint zu stark verändert wird. Durch diese Übung wird der Fußaufsatz unter dem Knie provoziert und das Anziehen der Fußspitze (Dorsalflexion) erschwert.

Übung	**Bemerkung**	**Umfang**
5mal AFG normal, dann 5mal AFG in in leichter Hocke.	Diese Übung soll verhindern, daß der Unterschenkel in der Basisübung zu weit nach vorne ausgekickt wird.	Anf.: 3 × 20 m Fort.: 5 × 30 m
AFG mit Armarbeit 5mal langsam kontrolliert, 5mal auf Frequenz (3 Zyklen), dann 3er-Rhythmus.		Anf.: 3 × 20 m Fort.: 5 × 30 m
AFG 5mal langsam kontrolliert mit hängenden Armen, 5mal auf Frequenz mit Armarbeit, dann 3er-Rhythmus.	Hüfte nicht wegziehen!	Anf.: 3 × 20 m Fort.: 5 × 30 m

Häufige Fehler bei der aktiven Fußgelenksarbeit

Fehler	Wirkung	Korrektur
Knie wird zuerst gestreckt. Der Fußaufsatz erfolgt nicht durch die Wadenmuskulatur, sondern durch die hüftstreckende Muskulatur.	Es wird entgegen der Laufrichtung gestemmt. Der Bremskraftstoß wird vergrößert, und es kommt durch eine Koaktivierung von Schienbein- und Wadenmuskulatur langfristig zu Schienbeinbeschwerden (Knochenhautreizung).	– Übung länger im Stehen ausführen. – Leichte Sprungformen mit AFG einflechten.
Der Fußaufsatz erfolgt weit vor dem Knie, was einer ‹sitzenden Haltung› entspricht.	Der Fußaufsatz wirkt bremsend auf den Vortrieb.	– Fußaufsatz hinter dem Körper, Hüfte strecken. – Wirbelsäule zum Bauchnabel drücken.
Haltung wird selbst kontrolliert.	Durch das Absenken des Kopfes weicht der Oberkörper nach hinten aus, der Kraftstoß des Stützbeins wirkt zu weit vom Körperschwerpunkt entfernt (Energieverschwendung).	– Blick geradeaus auf ein Ziel richten, Vorstellung: Gegenstand auf Kopf tragen.
Fuß wird zwar aktiv aufgesetzt, jedoch im Sprung- und Kniegelenk nicht steifgestellt.	Der Bodenkontakt wird zu lang. Es wird zuviel Energie in Wärme der Gelenke umgewandelt.	– Kürzere Kontaktzeiten erreichen.

Zielübung Fußgelenksarbeit auf Druck

Fußgelenksarbeit auf Druck (FGD)

Mit der Fußgelenksarbeit auf Druck soll der Schwerpunkt auf die hintere Stützphase und den Abdruck gelegt werden. Auch hier ist anfangs das primäre Ziel, die Streckung des Fußgelenks bewußtzumachen. Die dabei meist stärker betonte vertikale Komponente soll in einem späteren Schritt durch eine Überstreckung in der Hüfte einen verstärkt horizontalen Anteil bekommen. Durch die betont vertikale Komponente wird die Vorwärtsgeschwindigkeit und damit die Informationsaufnahme pro Zeit für den Sportler reduziert, d. h. der Sportler kann sich auf das eigentliche Ziel der Übung konzentrieren und ist nicht zu sehr mit der Regulation der Fortbewegungsgeschwindigkeit durch einen eventuell falschen Fußaufsatz beschäftigt. In einem weiteren Schritt soll zu der Fußstreckung eine Überstreckung in der Hüfte (das Bein wird weit hinter die Hüfte geführt) kommen. Dadurch wird der Beschleunigungsweg der hüftstreckenden Muskulatur länger, und die Fußgelenkstreckung bekommt eine verstärkt horizontale Komponente. Durch das Überstrecken in der Hüfte werden gleichzeitig optimale Bedingungen für die Arbeitsweise der Muskulatur in den folgenden beiden Phasen geschaffen (vgl. Anatomisch-funktionelle Voraussetzungen).

Fußgelenksarbeit auf Druck

Ausgangsposition

Im Traben zunächst nur mit einem Fuß ausführen, hängende Arme.

Bewegungsausführung

Nach einem bewußten Aufsetzen mit der Ferse das Fußgelenk maximal strecken. Die Schuhsohle sollte von hinten komplett zu sehen sein, solange der Fuß noch am Boden ist. Am Ende der Streckung bilden die Fußspitze, Hüfte und Scheitel eine Linie.

Der Fußaufsatz mit der Ferse soll eine ähnliche Greifbewegung und Reihenfolge der innervierten Muskeln wie beim aktiven Fußgelenklauf (AFG) bewirken.

Lernhinweis

‹Den Fuß so lange strecken (Plantarflexion), bis von hinten die Schuh(Fuß)-sohlen sichtbar werden› ‹Strecken bis in die große Zehe› ‹Den Druck bis in die Haarspitzen spüren› ‹Indianertrab – mit bewußtem Schleifen der Fußspitzen am Boden›.

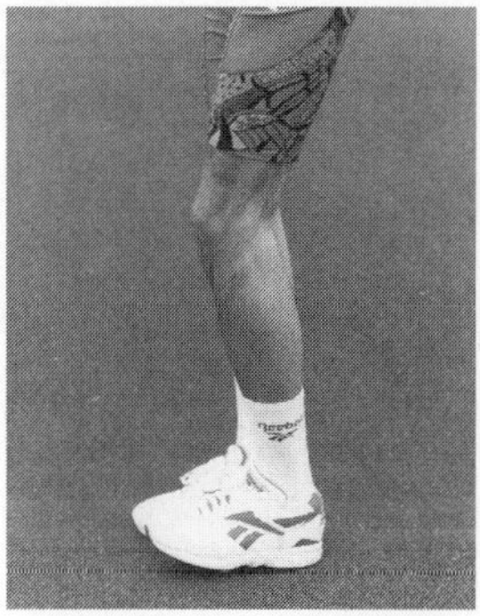

Fersenaufsatz

Druck

Fußgelenksarbeit auf Druck

Übung	Bemerkung	Umfang
FGD 5mal rechts, 5mal links bei direktem Wechsel ohne Zwischenschritt, dann 3er-Rhythmus.	Ziel: durch Rhythmusverküzung langsam der Basisübung annähern.	Anf.: 3 × 3 Zyklen Fort.: 5 × 4 Zyklen
Beide Beine FGD in direktem Wechsel bei langsamem Trab.	Basisübung	Anf.: 3 × 20 m Fort.: 5 × 30 m
FGD 5mal rechts, 5mal links, 5mal beide (= ein Zyklus) usw., dann im 3er-Rhythmus.	Kombination der ersten beiden Übungen. Bekanntes als Variation anbieten.	Anf.: 3 × 2 Zyklen Fort.: 5 × 4 Zyklen
FGD mit Armarbeit.	Festigung der Basisübung mit zusätzlicher Armarbeit.	Anf.: 3 × 20 m Fort.: 5 × 30 m
FGD 5mal mit Armarbeit, 5mal ohne Arme (Arme hängen lassen), 3er-Rhythmus.	Bewußtmachen der Schwungunterstützung durch die Arme. Steigerung des Schwierigkeitsgrads durch Rhythmusverkürzung.	Anf.: 3 × 3 Zyklen Fort.: 5 × 4 Zyklen

Häufige Fehler bei der Fußgelenksarbeit auf Druck

Fehler	Wirkung	Korrektur
Streckung des Fußgelenks erfolgt nicht am Boden, sondern erst in der Schwungphase.	Keine optimale Kraftübertragung in der hinteren Stützphase.	– Füße schleifen ‹Indianertrab›.
Die Knie bleiben gebeugt, kommen nicht zur Streckung.	Die Wadenmuskulatur ist nicht optimal vorgespannt. Eine optimale Kraftübertragung der Fußgelenkstreckung auf den Körper ist nicht gewährleistet.	– Den Druck bis in den Scheitel spüren. – Mit jeder Fußgelenkstreckung den Kopf 10 cm nach vorne oben schieben.
Fuß dreht zu weit nach außen bzw. innen.	Die Hüfte wird mit nach außen bzw. innen rotiert. Für den Kniehub muß das Bein zusätzlich nach innen bzw. außen rotiert werden.	– Laufen vor dem Spiegel. – Bewußt in anderem Extrem laufen.

Zielübung Anfersen mit Armarbeit

Anfersen (ANF)

Ziel dieser Übung ist die Sensibilisierung des Läufers auf die weite Rückführung des Knies mit entsprechender Vordehnung der hüftbeugenden Muskulatur für die folgende Phase. Durch das weite Rückführen (Überstrecken der Hüfte) bekommt der Unterschenkel einen Bewegungsimpuls entgegen der Fortbewegungsrichtung, der beim anschließenden Nach-vorne-Bringen des Oberschenkels automatisch zum Anfersen führt. Dem Läufer soll bewußt werden, daß die Trägheit des Unterschenkels ausgenutzt werden kann, um die hüftbeugende Muskulatur vorzuspannen, und daß ein Anfersen ohne ‹direkten muskulären Aufwand› möglich ist.
Die sehr häufig zu hörende Anweisung ‹Ferse an das Gesäß› führt in 99 Prozent der Fälle zu einer falschen Bewegungsausführung, d. h. der Muskel wird nur über das Kniegelenk vorgedehnt und kann somit beim anschließenden Schwungbeineinsatz (oder der Hüftbeugung) nicht optimal mitwirken. Die Anweisung sollte daher lauten: «Versuche die Ferse zur Schulter zu bringen.» Dadurch wird die hüftbeugende Muskulatur (M. rectus femoris) für das anschließende Nach-vorne-Bringen des Oberschenkels über Hüft- und Kniegelenk optimal vorgespannt.
Dies ist erfahrungsgemäß die am schnellsten erlernte Bewegung und kann daher relativ vollständig eingeführt werden. Da durch das Anfersen in der Regel der Oberkörper leicht nach vorne gebeugt wird und ein Nach-vorne-Stürzen durch die Armarbeit ausgeglichen werden kann, verleiht die Übung mit Armarbeit dem Sportler anfangs eine gewisse Stabilität und mehr Sicherheit.

Anfersen (ANF)

Ausgangsposition

Langsame Vorwärtsbewegung, leichte Vorlage des Oberkörpers, Armarbeit.

Bewegungsausführung

Beidbeiniges abwechselndes Anfersen mit Armarbeit und leichter Oberkörpervorlage (dabei auf gerade Oberkörperhaltung achten).

Lernhinweis

Um die vordere Oberschenkelmuskulatur für die anschließende Schwungphase entsprechend vorzuspannen (M. rectus femoris verläuft zweigelenkig über Knie und Hüftgelenk), lautet die Anweisung hier: «Versuche die Fersen an die Schultern zu bringen!»

Richtiges Anfersen mit …

… und ohne Armarbeit

Anfersen (ANF)

Übung	Bemerkung	Umfang
Beidbeinig abwechselndes ANF mit leichter Oberkörpervorlage und hängenden Armen.		Anf.: 3 × 20 m Fort.: 5 × 30 m
Beidbeiniges abwechselndes ANF mit leichter Oberkörpervorlage, Arme zur Seite, Handflächen nach oben.	Bei dieser Übung ist darauf zu achten, daß die Arme ruhig gehalten werden und dadurch der Sportler lernt, die Arm- von der Beinarbeit durch elastische Rumpfmuskulatur zu entkoppeln.	Anf.: 3 × 20 m Fort.: 5 × 30 m
ANF 3mal rechts, 3mal links ohne Zwischenschritt, a) mit Armarbeit, b) ohne Armarbeit, c) ein Zyklus mit, ein Zyklus ohne Armarbeit.	Diese Übung kann zur eigenen Kontrolle auf einer Linie durchgeführt werden, da es hier sehr häufig zu starken Ausgleichbewegungen in diagonaler Richtung kommt.	Anf.: 3 × 3 Zyklen Fort.: 5 × 4 Zyklen
ANF 3mal rechts, 3mal links, 3mal beide.		Anf.: 3 × 3 Zyklen Fort.: 5 × 4 Zyklen

Häufige Fehler beim Anfersen

Fehler	Wirkung	Korrektur
Fuß wird bei senkrecht hängendem Oberschenkel zum Gesäß geführt.	Das Anfersen ist meist mit einer gleichzeitigen Hüftbeugung verbunden und führt so zu einer falschen Reihenfolge der Muskelkontraktionen, was auf die Dauer eine Verkürzung der Hüftbeuger bewirkt. Vorteile des korrekten Anfersens werden nicht ausgenutzt.	– Knie weit hinter die die Hüfte führen.
Zu starke Oberkörpervorlage.	Die Fortbewegungsgeschwindigkeit wird zu schnell und hat meist einen bremsenden (spitzen) Fußaufsatz zur Regulierung der Geschwindigkeit zur Folge.	– Mit den Augen entferntes Ziel anvisieren. (Durch die Kopfhaltung die Oberkörperhaltung beeinflussen.)
Gestrecktes Knie.	Zu starke Oberkörpervorlage. Hüftbeuger wird nicht entsprechend vorgedehnt.	– Versuche die Fersen an die Schulter zu bekommen, – Laß den Unterschenkel zur Schulter schwingen.

Zielübung Kniehebelauf

Kniehub (KH)

Mit dieser Übung soll das Hauptaugenmerk innerhalb des Schrittzyklus auf das Nach-vorne-Bringen und Absenken des Schwungbeins, d. h. auf den Übergang vom ersten zum zweiten Teil der Schwungphase, gelegt werden. Beim beidbeinigen Kniehebelauf ist der zurückgelegte Weg des Beins sowohl beim Vorwärtsschwingen als auch Nach-unten-Schwingen im Vergleich zu den vorherigen Übungen länger. Da das Schwungbein am vorderen Umkehrpunkt angehalten werden soll, solange das Stützbein noch Bodenkontakt hat, sind diese Bewegungen in entsprechend kurzer Zeit auszuführen. Durch den größeren Weg des Beins in der gleichen oder kürzeren Zeit werden wesentlich höhere Geschwindigkeiten des Oberschenkels benötigt, die entsprechende Anforderungen sowohl an die hüftstreckende als auch hüftbeugende Muskulatur stellen. Der Kniehub erfordert eine schnelle ‹Scherbewegung der Beine› und stellt einen hohen Reiz für die Muskulatur dar. Da diese Übungsformen konditionell sehr ermüdend sind, sollten sie am Ende des Koordinationstrainings stehen, was auch den Vorteil hat, daß die hoch beanspruchte Hüftmuskulatur durch die anderen Übungen entsprechend aufgewärmt und vorbereitet ist.

Kniehebegehen

Ausgangsposition

Im Gehen, d. h. keine Flugphase, Oberkörper aufrecht.

Bewegungsausführung

Im Gehen die Knie bis in die Horizontale heben und dabei den Unterschenkel senkrecht hängen lassen. Fußspitzen anziehen. Armarbeit wie beim Sprint.

Lernhinweis

Die Laufbewegung mit Kniehub wird quasi in ‹Zeitlupe› ausgeführt. Zur Intensivierung: die letzten 10 Grad des Kniehubs gleichzeitig mit der letzten Kniestreckung betonen.

Kniehebegehen

Kniehebetrab

Ausgangsposition

Im Trab, aufrechter Oberkörper.

Bewegungsausführung

Kniehub mit einer Seite, nur jeden zweiten Schritt.

Lernhinweis

Knie nach vorne oben, Fußspitze ist angezogen und unter dem Knie.

Mit dem Nach-vorne-oben-Richten der Kniebewegung wird verhindert, daß die Hüfte nach hinten zu einer sitzenden Haltung weggezogen wird. Gleichzeitig kommt es am höchsten Punkt des Oberschenkels zu einer verstärkten Spreizbewegung in der Hüfte, d. h. der Oberschenkelwinkel zwischen rechtem und linkem Beim wird zu einer größeren Schrittlänge ‹aktiv geöffnet›.

Kniehebespreizlauf

Ausgangsposition

Im Traben leichte Vorlage des Oberkörpers.

Bewegungsausführung

Jeden Schritt Kniehub mit einer Seite, Betonung der Streckbewegung des hinteren Beins.

Lernhinweis

Hinteres Bein vor dem Bodenkontakt bereits nach hinten wegstrecken – ‹wie ein Holzbein hinterherschleppen›. Ein großer Winkel zwischen rechtem und linkem Oberschenkel sorgt für eine entsprechende Schrittlänge und Vordehnung der Muskulatur für die darauffolgende Phase.

Kniehebelauf

Ausgangsposition
Aufrecht, mit Armarbeit.

Bewegungsausführung
Kniehub beidseitig, jeden Schritt, Oberschenkel in die Horizontale, Fußspitze ist angezogen und senkrecht unter dem Knie.

Lernhinweis
‹Versuche die Hosen zu zerreißen›. Daraus resultierender großer Winkel zwischen rechtem und linkem Oberschenkel sorgt für eine entsprechende Schrittlänge.

Übung	Bemerkung	Umfang
3mal KH rechts, 3mal KH links ohne Zwischenschritt.	Beim Wechsel von links auf rechts machen beide Beine hintereinander (doppel) Kniehebelauf. Scherbewegung beim Wechsel von einem auf das andere Bein. Für die gleiche Übung kann auch eine andere Anweisung gegeben werden: 2mal rechts, 1mal doppel, 1mal links, 1mal doppel, 1mal rechts, 1mal doppel.	Anf.: 3 × 3 Zyklen Fort.: 5 × 4 Zyklen
KH 3mal rechts, 1mal links, 3mal rechts, 3mal links, 1mal rechts, 3mal links.	Auf exakte Wechsel achten.	Anf.: 3 × 2 Zyklen Fort.: 4 × 4 Zyklen

Häufige Fehler beim Kniehebelauf

Fehler	Wirkung	Korrektur
Unterschenkel wird zu weit ausgekickt.	Der Hebelarm wird an der Hüfte vergrößert, und der Athlet weicht der Belastung durch ‹Zurückziehen der Hüfte› aus.	– Fuß eher hinter dem Körper aufsetzen.
‹Sitzende Haltung›.	a) Das hintere Bein kommt meist durch eine Schwäche der hüftstreckenden Muskulatur (Gluteen, Ischiocrurale) nicht zur Streckung,oder b) das Bein wird zu weit vor dem Körper aufgesetzt.	– Bein übertrieben hinter dem Körper aufsetzen. Bei Schwäche: Kräftigung der entsprechenden Muskelpartien.
Mit der sitzenden Haltung ist oft eine mangelhafte Oberkörperhaltung verbunden. Das Becken ist dabei meist aufgerichtet und verhindert den Fußaufsatz hinter dem Körper und eine optimale Wirkungslinie der entwickelnden Kräfte.	a) falsche Bewegungsempfindung, b) Schwäche der entsprechenden Muskelpartien, c) durch zu starke Oberkörpervorlage wird versucht, das Temp oder Vorwärtsbewegung durch entsprechende Beckenhaltung zu regulieren.	a) So groß wie möglich machen, ‹Tasse Kaffee auf dem Kopf tragen›, b) Gymnastik zur Kräftigung der Rumpfmuskulatur, c) Oberkörper aufrecht halten.

Zielübung Stampfen

Stampfen (STMP)

Die Größe und Richtung der Bodenreaktionskraft, die für den Vortrieb beim Sprint entscheidend ist, kann durch aktives ‹Gegen-den-Boden-Stampfen› des Beins erhöht werden. Wird das Bein nicht aktiv gegen den Boden ‹gestampft›, fällt es passiv herunter, und die Bodenreaktionskraft wird nur durch die Masse des Beins und die Erdanziehungskraft bestimmt. Durch das aktive ‹Nach-unten-Stampfen› soll in erster Linie für die Aktivität der hüftstreckenden Muskulatur sensibilisiert werden. Später soll die Ausführung dieser Übung mit unterschiedlichen Körperlagen (senkrechte Position, Vorlage), einer ‹greifenden› Bewegung des Beins und Fußaufsatz verbunden werden.

Stampflauf

Ausgangsposition

Fußspitze ist angezogen und senkrecht unter dem Knie. Oberschenkel aus der Horizontalen nach unten treten. Fußgelenk wie bei aktiver Fußgelenksarbeit kurz vor Bodenkontakt strecken.

Bewegungsausführung

Ähnlich wie Kniehebelauf, nur wird hier nicht die Bewegung nach oben betont, sondern die aktive Bewegung aus der Hüfte nach hinten unten.

Lernhinweis

‹Versuche ein Loch in den Boden zu stampfen›, ‹Versuche den Boden nach hinten wegzuschieben›. Nur in aufgewärmtem Zustand ausführen.

Stampflauf

Ausfallschrittgehen

Ausgangsposition

Aufrecht stehen.

Bewegungsausführung

Mit diagonaler Armarbeit ein Bein nach vorne zum Ausfallschritt.

Lernhinweis

Abhängig vom Kniewinkel, der bei der Landung eingenommen wird, und von der Dynamik der Ausführung, kommt es zu unterschiedlich intensiver Beanspruchung der rückwärtigen Oberschenkel- und Gesäßmuskulatur. Im Anfängerbereich sollte der Kniewinkel nicht zu klein und die Bewegungsgeschwindigkeit nicht zu groß sein. In der fortgeschrittenen Form kann sogar mit einem 90-Grad-Kniewinkel aktiv gelandet werden, d. h. es wird schon beim Aufsetzen wieder nach oben abgedrückt.

Vorsicht, führt schnell zu ‹Muskelkater›. Deshalb Anfänger: 2 × 10 Schritte, Fortgeschrittene: 5 × 10 Schritte.

Häufige Fehler beim Stampflauf

Fehler	Wirkung	Korrektur
Fußspitze wird nicht angezogen oder zu früh gestreckt.	Die fußgelenkstreckende Muskulatur wird nicht genügend vorgespannt und kann somit nicht die optimale Wirkung erzielen. Ein zu frühes Strecken des Fußes ist meist auch mit langfristigen Schienbeinproblemen (Knochenhautreizung) verbunden.	– Zunächst langsam ausführen und vermehrt aktive Fußgelenksarbeit (AFG) trainieren.
Ferse schlägt auf Boden auf.	Dehnungs-Verkürzungs-Zyklus am Sprunggelenk wird umgangen, und es kommt zu einer größeren Spitzenbelastung des Kniegelenks.	– Aktive Fußgelenkstreckung früher einsetzen.
‹Passives Bein› ist nicht gestreckt und vor dem Körper.	Das Becken, und damit auch der Lendenwirbelbereich, wird nicht stabilisiert. Die horizontale Geschwindigkeit des Gesamtkörpers wird zu schnell groß.	– ‹Holzbein hinterherschleppen›.

Anspruchsvolle Übungen

In diesem Abschnitt werden die bisher aufgeführten Übungen variabel kombiniert und in etwas abgeänderten, anspruchsvolleren Formen dargestellt.

Übungskombinationen zu den fünf Phasen

Bei den Übungskombinationen werden mehrere Ziele verfolgt:
- Sie dienen der schrittweisen (sukzessiven) Verbindung der fünf Grundübungen zu einem Sprintschrittzyklus.
- Sie stellen eine höhere Stufe des Fertigkeitsniveaus dar und dienen der Automatisierung bzw. Festigung der einzelnen Übungen.
- Sie sind in bezug auf die Konzentration und, bei exakter Ausführung (exakte Wechsel), auch muskulär sehr anspruchsvoll und daher eine geeignete Methode für sprintspezifisches Krafttraining.

Die Verbindungen der Übungen orientieren sich am Schwierigkeitsgrad und der Reihenfolge der Phasen:
a) Verbindung von vorderer und hinterer Stützphase,
b) Verbindung von hinterer Stützphase und hinterer Schwungphase,
c) Verbindung der beiden Stützphasen und der hinteren Schwungphase,
d) Verbindung der vorderen Schwungphase und der vorderen Stützphase,
e) Verbindung der vorderen Schwungphase mit beiden Stützphasen,
f) Verbindung der hinteren und vorderen Schwungphase,
g) Verbindung von allen Phasen.
Die zugrunde gelegten Lernprinzipien sind wieder: *vom Bekannten zum Unbekannten* und *vom Einfachen zum Komplexen*. Die einzelnen Übungen sind in ihrer Grundform bekannt und werden nun auf neue (unbekannte) Art und Weise zusammengebracht. Dies erfolgt anfangs in einfacher Form mit relativ großen Abständen (Fünfer-Rhythmus) und wird dann, durch Verkürzen der Abstände auf Einer-Rhythmen, nach und nach schwieriger. Durch die Verbindung von zwei Übungen werden jeweils unmittelbar beim Wechsel von der ersten auf die zweite beide Übungen zusammen ausgeführt und so durch anschließendes Verkürzen des Rhythmus nach und nach in die komplexe Sprintbewegung eingebaut. Die Hinzunahme von mehr phasenspezifischen Übungen bewirkt, daß die Übungsreihen immer komplexer werden.
Eine Trennung der Übungen zum Kniehub und Stampfen findet hier nicht mehr statt, da durch eine entsprechende Scherbewegung der Beine die Ausführung

beider Aufgaben praktisch gleichzeitig erfüllt wird sowie bei Körpervorlage die Ausführung des Stampfens zu schnell zu einer zu großen Gesamtgeschwindigkeit führt und ein kontrolliertes Verbinden mit anderen Übungen sehr erschwert – wenn nicht sogar unmöglich macht.

a) Übungen zur vorderen und hinteren Stützphase

Aktive Fußgelenksarbeit (AFG) – Fußgelenksarbeit auf Druck (FGD)

Übung	**Bemerkung**	**Umfang**
5 × AFG – 5 × FGD 3 × AFG – 3 × FGD 2 × AFG – 2 × FGD	Auf exakte Wechsel achten.	Anf. (Fort.): 3(5) × 20 (30) m Anf. (Fort.): 3(5) × 20 (30) m Anf. (Fort.): 3(5) × 20 (30) m
AFG schnell – FGD langsam AFG langsam – FGD schnell AFG mit Armen – FGD ohne Arme AFG ohne Arme – FGD mit Armen	Bei schneller Ausführung auf korrekte Beckenhaltung achten. Auch mit unterschiedlichen Armhaltungen durchführen.	Anf. (Fort.): 3(5) × 20 (30) m Anf. (Fort.): 3(5) × 20 (30) m Anf. (Fort.): 3(5) × 20 (30) m Anf. (Fort.): 3(5) × 20 (30) m

Achtung!
Bei den folgenden Kombinationen führt das linke Bein im gleichen Schrittzyklus eine andere Bewegung aus als das rechte Bein.

Übung	Bemerkung	Umfang
5 × links AFG – rechts FGD, dann Wechsel	Bei FGD auf Fersen-aufsatz achten.	Anf. (Fort.): 3(5) × 20 (30) m
3 × links AFG – rechts FGD, dann Wechsel		Anf. (Fort.): 3(5) × 20 (30) m
1 × links AFG – rechts FGD, dann Wechsel		Anf. (Fort.): 3(5) × 20 (30) m
Erster Zyklus schnell – zweiter Zyklus langsam		Anf. (Fort.): 3(5) × 20 (30) m
Erster Zyklus mit Armen – zweiter Zyklus ohne Arme		Anf. (Fort.): 3(5) × 20 (30) m

b) Übungen zur hinteren Stützphase und hinteren Schwungphase

Fußgelenksarbeit auf Druck (FGD) – Anfersen (ANF)

Übung	Bemerkung	Umfang
5 × FGD – 5 × ANF 3 × FGD – 3 × ANF 1 × FGD – 1 × ANF	Oberkörper ruhig in gleicher Position halten.	Anf. (Fort.): 3(5) × 20 (30) m Anf. (Fort.): 3(5) × 20 (30) m Anf. (Fort.): 3(5) × 20 (30) m
ANF schnell – FGD langsam ANF langsam – FGD schnell ANF mit Armen – FGD ohne Arme ANF ohne Arme – FGD mit Armen		Anf. (Fort.): 3(5) × 20 (30) m Anf. (Fort.): 3(5) × 20 (30) m Anf. (Fort.): 3(5) × 20 (30) m Anf. (Fort.): 3(5) × 20 (30) m

Achtung!
Bei den folgenden Übungen führt das linke Bein im gleichen Schrittzyklus eine andere Bewegung aus als das rechte Bein.

Übung	Bemerkung	Umfang
5 × links ANF – 5 × rechts FGD, dann Wechsel 3 × links ANF – 3 × rechts FGD, dann Wechsel	Schnelle Ausführung durch Armarbeit unterstützen.	Anf. (Fort.): 3(5) × 20 (30) m Anf. (Fort.): 3(5) × 20 (30) m
1 × links ANF – 1 × rechts FGD, dannWechsel Erster Zyklus schnell – zweiter Zyklus langsam		Anf. (Fort.): 3(5) × 20 (30) m Anf. (Fort.): 3(5) × 20 (30) m
Erster Zyklus mit Armen – zweiter Zyklus ohne Arme		Anf. (Fort.): 3(5) × 20 (30) m

c) Übungen zu beiden Stützphasen und zur hinteren Schwungphase
Aktive Fußgelenksarbeit (AFG) – Fußgelenksarbeit auf Druck (FGD) – Anfersen (ANF)

Übung	Bemerkung	Umfang
a) 5 × AFG – 5 × FGD – 5 × ANF 5 × AFG – 3 × FGD – 5 × ANF 1 × AFG – 1 × FGD – 5 × ANF	Auf exakte Wechsel ohne Zwischenschritt achten.	Anf. (Fort.): 3(5) × 20 (30) m Anf. (Fort.): 3(5) × 20 (30) m Anf. (Fort.): 3(5) × 20 (30) m
b) Unterschiedliche Frequenzen pro Übung c) Mit und ohne Arme		Anf. (Fort.): 3(5) × 20 (30) m Anf. (Fort.): 3(5) × 20 (30) m

d) Übungen zur vorderen Schwungphase und vorderen Stützphase

Kniehebelauf (KH) – aktive Fußgelenksarbeit (AFG)

Übung	**Bemerkung**	**Umfang**
5 × KH – 5 × AFG 3 × KH – 3 × AFG 2 × KH – 2 × AFG	Auf exakte Wechsel von hoher zu flacher Knieführung achten. Laufgeschwindigkeit nicht über stemmenden (spitzen) Fußaufsatz regulieren.	Anf. (Fort.): 3(5) × 20 (30) m Anf. (Fort.): 3(5) × 20 (30) m Anf. (Fort.): 3(5) × 20 (30) m
KH schnell – AFG langsam KH langsam – AFG schnell KH mit Armen – AFG ohne Arme KH ohne Arme – AFG mit Armen		Anf. (Fort.): 3(5) × 20 (30) m Anf. (Fort.): 3(5) × 20 (30) m Anf. (Fort.): 3(5) × 20 (30) m Anf. (Fort.): 3(5) × 20 (30) m

Achtung!

Bei den folgenden Übungen führt das linke Bein im gleichen Schrittzyklus eine andere Bewegung aus als das rechte Bein.

Übung	Bemerkung	Umfang
5 × links KH – 5 × rechts AFG, dann Wechsel 3 × links KH – 3 × rechts AFG, dann Wechsel	Becken stabil halten bei Wechsel.	Anf. (Fort.): 3(5) × 20 (30) m Anf. (Fort.): 3(5) × 20 (30) m
1 × links KH – 1 × rechts AFG, dann Wechsel Erster Zyklus schnell – zweiter Zyklus langsam		Anf. (Fort.): 3(5) × 20 (30) m Anf. (Fort.): 3(5) × 20 (30) m
Erster Zyklus mit Armen – zweiter Zyklus ohne Arme		Anf. (Fort.): 3(5) × 20 (30) m

e) Übungen zur vorderen Schwungphase und zu den beiden Stützphasen

Kniehebelauf (KH) – aktive Fußgelenksarbeit (AFG) – Fußgelenksarbeit auf Druck (FGD)

Übung	Bemerkung	Umfang
a) 5 × KH – 5 × AFG – 5 × FGD 3 × KH – 3 × AFG – 3 × FGD 2 × KH – 2 × AFG – 2 × FGD b) Unterschiedliche Frequenzen pro Übung c) Mit und ohne Arme	Anfangs auf langsame Ausführung mit exakten Wechseln achten, später auf stabilen Oberkörper und Becken.	Anf. (Fort.): 3 (5) × 20 (30) m Anf. (Fort.): 3 (5) × 20 (30) m Anf. (Fort.): 3 (5) × 20 (30) m Anf. (Fort.): 3 (5) × 20 (30) m Anf. (Fort.): 3 (5) × 20 (30) m

f) Übungen zu beiden Schwungphasen

Anfersen (ANF) – Kniehebelauf (KH)

Übung	**Bemerkung**	**Umfang**
5 × ANF – 5 × KH 3 × ANF – 3 × KH 2 × ANF – 2 × KH	Das Becken in abgekippter Position halten. Anfangs nur wenige Zyklen, da relativ schnell Geschwindigkeit gewonnen wird.	Anf. (Fort.): 3(5) × 20 (30) m Anf. (Fort.): 3(5) × 20 (30) m Anf. (Fort.): 3(5) × 20 (30) m
ANF schnell – KH langsam ANF langsam – KH schnell ANF mit Armen – KH ohne Arme ANF ohne Arme – KH mit Armen		Anf. (Fort.): 3(5) × 20 (30) m Anf. (Fort.): 3(5) × 20 (30) m Anf. (Fort.): 3(5) × 20 (30) m Anf. (Fort.): 3(5) × 20 (30) m

Achtung!

Bei den folgenden Übungen führt das linke Bein im gleichen Schrittzyklus eine andere Bewegung aus als das rechte Bein.

Übung	Bemerkung	Umfang
5 × links ANF – 5 × rechts KH, dann Wechsel 3 × links ANF – 3 × rechts KH, dann Wechsel 1 × links ANF – 1 × rechts KH, dann Wechsel Erster Zyklus schnell – zweiter Zyklus langsam	Fördert die Stabilisierung der Beckenhaltung und damit die aktive Beweglichkeit	Anf. (Fort.): 3(5) × 20 (30) m Anf. (Fort.): 3(5) × 20 (30) m Anf. (Fort.): 3(5) × 20 (30) m Anf. (Fort.): 3(5) × 20 (30) m
Erster Zyklus mit Armen – zweiter Zyklus ohne Arme		Anf. (Fort.): 3(5) × 20 (30) m

g) Übungen zu sämtlichen Phasen

Aktive Fußgelenksarbeit (AFG) – Fußgelenksarbeit auf Druck (FGD) – Anfersen (ANF) – Kniehebelauf (KH)

Übung	Bemerkung	Umfang
a) 5 × AFG – 5 × FGD – 5 × ANF – 5 × KH 3 × AFG – 3 × FGD – 3 × ANF – 3 × KH 1 × AFG – 1 × FGD – 3 × ANF – 3 × KH	Auf exakte Wechsel ohne Zwischenschritt achten.	Anf. (Fort.): 3(5) × 20 (30) m Anf. (Fort.): 3(5) × 20 (30) m Anf. (Fort.): 3(5) × 20 (30) m
b) Unterschiedliche Frequenzen pro Übung		Anf. (Fort.): 3(5) × 20 (30) m
c) Einzelne Übungen mit und ohne Arme		Anf. (Fort.): 3(5) × 20 (30) m

Verbindung der Übungen mit dem Lauf

Anfänger
Die fünf phasenspezifischen Grundübungen mit aufrechtem Oberkörper über 10 bis 15 m ausführen und durch langsames Nach-vorne-Verlagern des Körpers in den Lauf übergehen. Wichtig dabei ist das Beibehalten der Frequenz und der Übungsfolge beim Übergang und so lange wie möglich während des anschließenden Laufs. Der Übergang sollte daher langsam über 10 bis 20 m und nicht abrupt vollzogen werden.
Fortgeschrittene
Die fünf Grundübungen einzeln bis zur maximalen Frequenz ausführen und dann durch Vorverlagern des Oberkörpers in den Lauf übergehen (Vorsicht: Nicht mit der Hüfte nach hinten ausweichen!). Dies sind die schwierigsten Übungen, da beim Übergang in der Regel nur wenige Schritte durchgeführt werden können. Sie führen sehr schnell zu zentralnervöser Ermüdung, was bedeutet, daß nur wenige Wiederholungen in einigermaßen ‹frischem Zustand› mit lohnenden Pausen (5 bis 7 Minuten) durchgeführt werden sollten.

Konditionell anspruchsvolle Trainingsformen

Wenn man berücksichtigt, daß bei Weltklassesprintern Schrittlängen von 2,40 m gemessen werden, kann man den Sprint als eine Aneinanderreihung von Sprüngen betrachten. Sowohl den verschiedenen Sprungformen als auch dem Sprint sind gemeinsam, daß die Länge und Richtung des (Sprung-)Schritts nahezu ausschließlich während des Bodenkontakts festgelegt wird. Im Unterschied zu den Sprüngen ist der Sprintschritt durch eine kürzere Bodenkontaktdauer gekennzeichnet, die dem Sportler weniger Zeit für den Einsatz der Muskelkräfte läßt. Die extrem kurzen Kontaktzeiten von ca. 0,1 sec beim Sprint stellen entsprechend hohe Anforderungen an den koordinativen und muskulären Aspekt der Bewegung. Ein Ziel des Sprinttrainings ist daher ein spezifischer Kraftzuwachs der beim Sprint beteiligten Muskulatur. Um den konditionell-muskulären Aspekt mit dem technisch-koordinativen zu verbinden, bieten sich vor allem Sprungformen an, die bei ähnlich kurzer Bodenkontaktdauer eine größere Flugdauer aufweisen und dadurch eine intensivere Muskelarbeit erfordern. Bezogen auf die Phaseneinteilung des Sprintschritts stellen Sprünge daher Trainingsformen dar, deren Schwerpunkt auf der Stützphase des Sprintschritts liegt, d. h., unter erschwerten äußeren Bedingungen (größere Fall- und Sprunghöhe) wird die aktive Fußgelenksarbeit (AFG) mit der Fußgelenksarbeit auf Druck (FGD) verbunden. Die Betonung der Kraftkomponente (Verlängerung der Flugdauer)

bei sprintspezifischen Sprüngen sollte deshalb stets unter Berücksichtigung der koordinativ-technischen Komponente (kurze Kontaktdauer durch aktive Fußgelenkarbeit) ausgeführt werden.
Da Sprünge aufgrund der größeren Bodenreaktionskräfte eine stärkere Belastung für den passiven Bewegungsapparat (Knochen, Knorpel) darstellen, sollten am Anfang eines langfristigen Trainingsprozesses die weniger intensiven Sprungformen (gekennzeichnet durch kürzere Flugdauer) umfangreich trainiert werden. Dadurch wird eine Anpassung der passiven Bewegungsstrukturen an diese Belastungsformen ermöglicht. Wichtig ist, daß, innerhalb einer Trainingseinheit, Sprünge nur in gut aufgewärmtem Zustand durchgeführt werden, da erst bei einer Temperatur von ca. 38,5 Grad Celsius die optimale Elastizität des Gelenkknorpels erreicht wird, die Schädigungen vorbeugt.

Die Sprungformen können nach ihrer Belastungsintensität und nach ihrem zyklischen Charakter unterteilt werden in:
(1) einfache Sprungformen zum Aufwärmen
(2) aktive Sprungformen : a) azyklische Sprünge
b) zyklische Sprünge
(3) reaktive Sprungformen : a) azyklische Sprünge
b) zyklische Sprünge.

(1) Einfache Sprungformen zum Aufwärmen

Bei diesen Sprungformen handelt es sich vorwiegend um vertikal gerichtete Mehrfachsprünge, die mit verschiedenen koordinativen Aufgaben verbunden werden. Dadurch wird sowohl ein physiologischer Aufwärmeffekt als auch ein (kognitiv-)technisch-vorbereitender Effekt für die nachfolgende intensive Sprungarbeit bewirkt.

Beidbeinige Fußgelenksprünge

Ausgangsposition
Aufrecht stehen, Arme in der Hüfte.
Bewegungsausführung
Beidbeinige aktive Streckung der Fußgelenke kurz vor dem Bodenkontakt.
Lernhinweis
‹Springen auf einer heißen Herdplatte› – kurze Kontaktzeiten.
Die Sprunghöhe der Übung wird durch den zweiten Teil der Streckung bestimmt und kann dadurch entsprechend variiert werden. Sprünge in einer ‹individuell angenehmen Frequenz›, die gerade zum Abheben der Füße führen, werden auch als ‹Sprünge im Eigenrhythmus› bezeichnet. Sie eignen sich ebenso zum Aufwärmen.

Seilhüpfen

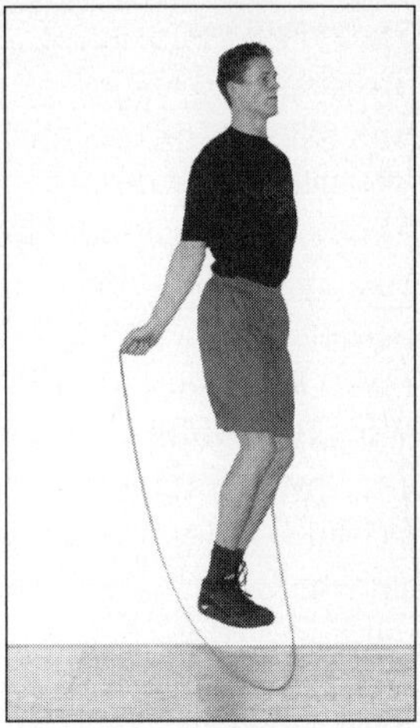

Ausgangsposition
Aufrecht stehen, Seillänge: Seil reicht – mit beiden Beinen auf Seil stehend – bis unter die Arme.
Bewegungsausführung
Beidbeinig hüpfen mit Seildurchschlag.
Lernhinweis
Zunächst gleichmäßiger Hüpf-Rhythmus, Schulung der Arm-Bein-Koordination. Aufmerksamkeit anfangs auf den Seildurchschlag richten, dann auf variierende Rhythmen und Kontaktzeiten.

Übung	Bemerkung	Umfang
Beidbeinig: 2 × hüpfen / 1 Seilumdrehung vw. 2 × hüpfen / 1 Seilumdrehung rw. 1 × hüpfen / 1 Seilumdrehung vw. 1 × hüpfen / 1 Seilumdrehung rw. 1 × hüpfen / 2 Seilumdrehungen vw.	Rhythmusschulung	Anf.: 5 × 30 sec Fort.: 3 × 1 Min. bis 5 Min. ohne Pause
Beidbeinig und Arme überkreuzen: – links über rechts – rechts über links	Ziel: variable Arm-Bein-Koordination.	dto.
Laufen mit Seil: – auf der Stelle – mit Vorwärtsbewegung – Durchschlag linkes Bein vorne – Durchschlag rechtes Bein vorne – mit Richtungswechsel (seitl., vw., rw.)	Auch mit den fünf koordinativen Grundübungen auszuführen.	bis 5 × 50 m
Hopserlauf: – in die Höhe – auf Weite		dto.
Einbeinsprünge: – immer links – immer rechts – mit Rhythmusänderung (z. B. li-li-re-re-li-re-re-re-li-li)		bis 3 × 45 sec

Doppelhopser

Ausgangsposition

Aufrechte Körperposition, Arme in der Taille gestützt.

Bewegungsausführung

Aktive Streckung des Fußgelenks vom Stützbein. Das Schwungbein wird nach kurzem Bodenkontakt schnell hoch gebracht.

Lernhinweis

Kurze Bodenkontakte, Schwungbein schnell hochheben und blockieren, Körper aufrecht – Hüfte gestreckt.

Der Sprung beginnt mit beiden Füßen.

Der Fuß vom Schwungbein löst sich vom Boden früher ab, um den dynamischen Schwung des Beins möglichst vor dem Abheben des Stützfußes zu beenden – Impulsübertrag.

Übung	Bemerkung	Umfang
Variabler Kniehub: – niedriger Kniehub (nKH) – hoher Kniehub (hKH)	Kniehub zuerst niedrig, dann halbhoch und am Ende mit hohem (90 Grad) Kniehub, jedoch immer auf das Abbremsen des Schwungbeins während des Bodenkontakts achten (Impulsübertrag).	Anf.: 3–4 × 10–15 m Fort.: 8–10 × 15–20 m
Variable Sprunghöhe: – flach – hoch	Flache Sprünge betonen die schnelle Streckung der Hüfte, hohe Sprünge die Dynamik der Beinstreckung und Hüftbeugung.	
Kombinationen: (nKH flach / nKH hoch / hKH flach / hKH hoch)		

(2) Aktive Sprungformen

Diese Sprungformen sind durch die Betonung der konzentrischen Streckarbeit der Muskulatur gekennzeichnet. Dabei ist eine explosive Kontraktion der Muskulatur erforderlich, um den Körper *maximal* zu beschleunigen. Diese Sprungform kann unter Beibehaltung der kurzen Kontaktzeiten in zyklischer Weise nur durch eine Verringerung der Fallhöhe (wie bei Treppensprüngen) geübt werden. Diese Art des Springens verringert die Belastung für den passiven Bewegungsapparat und ermöglicht einen größeren Trainingsumfang als andere Sprungformen. Sprungformen, die auf weichem Untergrund (Matten, Sand, Trampolin) ausgeführt werden, haben zwar auch eine verstärkt konzentrische Kontraktionskomponente, weisen jedoch den Nachteil auf, daß die Kontaktzeiten wesentlich verlängert sind und dadurch zu negativen Anpassungserscheinungen der elektrischen Muskelaktivität (EMG) führen. Durch die Verlängerung der Kontaktzeit wird der technisch-koordinative Anteil der Übung im Vergleich zum konditionell-muskulären reduziert.

(2a) Aktive azyklische Sprungformen

- Standhochsprung beidbeinig auf einen Kasten
- Standweitsprung beidbeinig
- Standweitsprung einbeinig

Übung	Bemerkung	Umfang
Ausgangsstellung wechseln: 1/4, 1/2 oder 3/4 Kniebeuge Richtung des Sprungs ändern: vorwärts / rückwärts / mit 1/2 Drehung in der Luft Über Hindernisse (Matten, Bälle …) springen	Zu Beginn des Sprungs sollte keine Ausholbewegung erfolgen. Ziel ist lediglich die explosive Streckung. Vorsicht bei Knieproblemen!	bis zu 3 × 10 Sprünge

(2b) Aktive zyklische Sprungformen

- Treppensprünge einbeinig links/rechts
- Treppensprünge im Zick-Zack (Slalom)

Übung	Bemerkung	Umfang
Kombinationen: bei einbeinigen Sprüngen z.B.: li-li-re-re-li-li-li-re-re-re Variation durch: – verschiedene Stufenanzahl pro Sprung – Koordinationsübungen (AFG-FGD-ANF-KH-STMPF) an der Treppe – Verfolgungsjagd – Treppe abwärts laufen	Immer auf die vollständige Streckung des Stützbeins achten. Keinen Treppen«gang» (sitzende Haltung) zulassen.	Anf.: 4 × 30 Stufen Fort.: bis zu 8 × 50 Stufen

(3) Reaktive Sprungformen

Diese Sprungformen sind durch einen stärkeren exzentrischen Anteil der Kontraktion innerhalb eines Dehnungs-Verkürzungs-Zyklus (s. «Anatomisch-funktionelle Voraussetzungen») gekennzeichnet, der die Auswirkungen von Muskeldehnungsreflexen zur Vergrößerung des willkürlich erzeugten Impulses nutzt. Die Intensität des exzentrischen Sprunganteils kann durch die Vergrößerung der Fallhöhe vorgegeben werden. Reaktive Sprungformen führen dadurch nicht nur zu einer höheren Belastung für den passiven Bewegungsapparat, sondern auch zur schnelleren neuromuskulären Ermüdung bzw. zu Koordinationsstörungen. Aufgrund der hohen Intensität und der langen Anpassungszeiten des passiven Bewegungsapparats (Knochen, Knorpel etc.) sollte diese Art von Sprüngen ausschließlich in fortgeschrittenem Stadium, nicht zu oft und in relativ kleinen Umfängen trainiert werden.

(3a) Reaktive azyklische Sprungformen

- einbeinige Kastenprünge (20 bis 30 cm Höhe)
- beidbeinige Kastensprünge vorwärts (20 bis 40 cm Höhe) (Fotos rechte Seite)

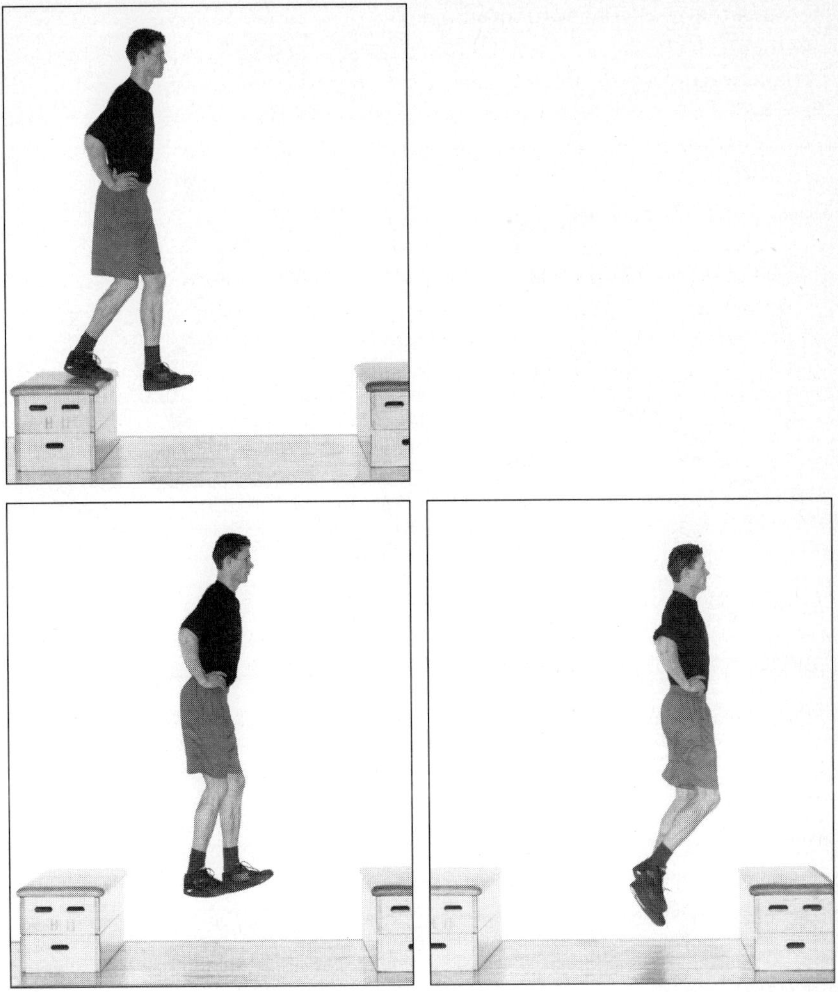

Übung	Bemerkung	Umfang
Beidbeinige Kastensprünge rückwärts	Bei Rückwärtssprüngen wird die Belastung der Wadenmuskulatur betont (größerer Arbeitsbereich des Fußgelenks).	bis zu 60 Sprünge in einer TE

(3b) Reaktive zyklische Sprungformen

- Sprunglauf
- Hindernissprünge beidbeinig

Übung	Bemerkung	Umfang
Sprunglauf aus dem Stand	Durch aktive und druckvolle Sprünge maximal beschleunigen.	4–6 × 5–10 Sprünge (5er bzw. 10er-Sprung)
Sprunglauf mit Anlauf	Am Anfang nur wenige Anlaufschritte, da mit Verlängerung des Anlaufs die Übung intensiver und schwieriger wird.	4–8 × 5 Sprünge (5er- / 3er-Sprung)
Sprunglauf mit Kästen (20 cm Höhe)	Jeweils ein Schritt auf einem Kasten und ein Schritt auf dem Boden.	5–8 × 6–8 Sprünge
Hindernissprünge beidbeinig (20–30 cm Höhe)	Als Hindernisse sind Bälle, Kastenteile und niedrige Hürden geeignet.	4–8 × 6–10 Sprünge
Hindernissprünge einbeinig (20–30 cm Höhe)		3–5 × 6–10 Sprünge

Weitere Variationen des Sprinttrainings

Bei der Variation der äußeren Bedingungen sind in der Praxis folgende Maßnahmen zu beobachten:

a) Läufe und Starts bei unterschiedlichem Gefälle: Berg/Treppen auf- und abwärts,
b) Widerstandsläufe
   - Ziehen von Lasten (Gewichte, Sandsack, Gummischnur von Partner gehalten, Fallschirm etc.),
   - Schieben von Lasten (Mattenwagen, Rollschlitten, Gegenwind etc.),
c) unterstützte Läufe (Rückenwind, Zug von vorne durch Maschine, Partner oder Fallschirm etc.),
d) Vorgabe der Schrittlänge durch Bodenmarkierung (Gymnastikreifen; Markierungskegel, Hindernisse, Papierschnipsel etc.),
e) Vorgabe der Schrittfrequenz durch die Anlaufgeschwindigkeit und Bodenmarkierungen,
f) variabler Untergrund (Rasen, Tartan, Halle, Asche, Waldboden, Sand, flaches Wasser, Teer etc.),
g) variable Fußbekleidung (Hallenschuhe, Laufschuhe, Spikes, barfuß etc.),
h) Rollerfahren.

Zu (a): Während Läufe berg- oder treppauf in erster Linie eine Steigerung der willkürlichen (konzentrischen) Muskelkontraktion mit sich bringen, tritt bei Bergabläufen aufgrund der größeren Geschwindigkeit die reflexbedingte (exzentrische) Muskelkontraktion der unteren Extremitäten in den Vordergrund. Dabei stellen die Bergabläufe für das zentralnervöse System die höhere Beanspruchung (gleiche Information in kürzerer Zeit) dar und sollten nur bei leichtem Gefälle durchgeführt werden, da sonst das ‹greifende Sprintmuster› in ein ‹stemmendes› abgewandelt wird, um nicht zu stürzen. Bergabläufe in maximalem Tempo sind erst in sehr fortgeschrittenem Stadium zu empfehlen. Das Gelände kann auch kombiniert genutzt werden, z.B. 20 m Start bergauf, dann 10 m in der Ebene und am Ende 10 m bergab.

Zu (b): Abhängig von der Befestigung der Zugeinrichtung wird die Rumpfmuskulatur unterschiedlich beansprucht. Wird das Gewicht an einem Schultergurt befestigt, kommt es, im Vergleich zu einer Hüftbefestigung, zur verstärkten Aktivierung und damit zur zusätzlichen Kräftigung der vorderen Rumpfmuskulatur. Die Schulterbefestigung sollte im Anfängerbereich nur bei entsprechend ausgebildeter Rumpfmuskulatur durchgeführt werden. Ferner sollte darauf geachtet werden, daß der Sportler nicht beginnt, ‹mit dem Oberkörper zu laufen›, sondern diesen ruhig und stabil (unverkrampft) hält.

Das Schieben von Lasten bringt zwar den Nachteil mit sich, daß die Armarbeit unterbunden wird, führt im Vergleich zur Zugarbeit jedoch zu einer zusätzlichen Kräftigung im Schulter-Arm-Bereich. Hinzu kommt, daß das Schieben im allgemeinen weniger Platz benötigt, da sich das Gewicht unmittelbar vor dem Körper befindet. Es ist daher vor allem für Hallensportarten empfehlenswert.
Zu (c): Bei unterstützenden Läufen gilt das gleiche wie bei Bergabläufen. Es können bei gleicher Anstrengung größere Laufgeschwindigkeiten erzielt werden. Im maximalen Geschwindigkeitsbereich birgt diese Art von Läufen die Gefahr, daß sich der Sportler in die Zugeinrichtung ‹hängt› und das ‹aktiv greifende› Bewegungsmuster in ein ‹passiv stemmendes› umwandelt.
Zu (d): Durch die Abstände der Bodenmarkierungen kann eine verkürzte oder vergrößerte Schrittlänge erzwungen werden. Dabei sind regelmäßige und unregelmäßige Abstände einsetzbar. Die Abstände sollten jedoch nicht zu groß sein, da der Lauf sonst in Sprungformen mit größeren vertikalen Komponenten abgeändert wird.
Zu (e): Kommt der Sportler mit großem Tempo an die Bodenmarkierungen, muß er mit höherer Frequenz treten als bei niedriger Anlaufgeschwindigkeit. Das Tempo kann durch die Anlauflänge bestimmt werden.
Zu (f) und (g): Der Untergrund und die Fußbekleidung sollten nicht zu oft variiert werden, da unterschiedliche Schwingungseigenschaften der Untergründe und des Schuhwerks zu Knochenhautproblemen am Schienbein führen können. Dem Sportler sollte daher die Möglichkeit geboten werden, sich an das Schuhwerk und den Untergrund zu gewöhnen, auf dem er sich im allgemeinen bewegt. Häufiges Barfußlaufen (-gymnastik) in unebenem Gelände mit wechelndem Untergrund eignet sich prophylaktisch für die Stabilisierung des Fußes und Sprunggelenkbereichs, die Sensibilisierung der Fußsohle und die Unterstützung der Sprunggelenkstreckung (Plantarflexoren).
Zu (h): Durch das Rollerfahren wird versucht, die ischiocrurale Muskulatur unter größeren äußeren Geschwindigkeiten zu trainieren.

Spezielle Übungen zum Start

Der Start unterscheidet sich vom maximalen Sprint in vier wesentlichen Merkmalen:

- Die Bewegung beginnt aus einer ruhenden Position bzw. aus einer Richtungsänderung (z.B. in den Sportspielen).
- Der Rumpf weist eine starke Vorlage auf.
- Die Arbeitswinkel der Beine während der Stützphase sind größer als beim maximalen Sprint, wodurch längere Kontaktzeiten entstehen.
- Das Anfersen ist weniger ausgeprägt – der Kniewinkel in der Schwungphase ist größer als beim maximalen Sprint.

Um den Sportler an das unterschiedliche Verhalten beim Start und maximalen Sprint zu gewöhnen, sollte der Start mit startspezifischen Übungen zunächst isoliert trainiert werden. Ziel dieser Übungen ist, einen explosiven Start und eine maximale horizontale Beschleunigung sowie den kontinuierlichen Übergang zum Sprintlauf mit maximaler Geschwindigkeit zu optimieren. Die Übungen sind in folgender Reihenfolge dargestellt:

- Grundformen des Ablaufs,
- weiterführende Formen des Ablaufs,
- variable Ausgangsbedingungen zum Ablauf:
  - Abläufe aus ruhenden Positionen,
  - Abläufe aus bewegten Positionen.

Im wesentlichen kann die Einteilung des Sprintschritts in fünf Phasen auch hier vorgenommen werden. Da die Ausführung der phasenspezifischen Übungsformen jedoch durch die extrem unterschiedlichen Kraftverhältnisse deutlich erschwert ist, werden zwei komplexere Formen des Ablaufs ausgewählt. Die beiden *Grundformen des Ablaufs* betonen jeweils kombinierte Aspekte des Startschritts. Mit der ersten Übungsform (Ablauf auf Druck) wird der Schwerpunkt auf den hinteren Teil der Stützphase und den Kniehub gelegt, während die zweite Übungsform (Ablauf auf Zug) die vordere Stützphase und das flache Nach-vorne-Bringen des Schwungbeins betont. Bei diesen Grundformen erfolgt der Ablauf aus einer einfachen ruhenden Position, die es dem Sportler erlaubt, sich auf die ersten Schritte zu konzentrieren und nicht auf den eigentlichen Startvorgang. Eine solche Position ist die «Kauerstellung»: Der Oberkörper ist nach vorne geneigt, die Beine sind leicht gebeugt, die Füße versetzt, und die Arme hängen.

Sprintstart aus Kauerposition

Die *weiterführenden Ablaufformen* dienen neben der variablen Übungsgestaltung vor allem der Kräftigung der sprintspezifischen Muskulatur ohne Fremdlast. Durch eine extreme (horizontale) Vorlage des Oberkörpers wird der Hebel bezüglich der Hüfte verlängert, und die Arbeitsbedingungen der entsprechenden Muskelgruppen werden erschwert. Die veränderten Gelenkwinkel- bzw. Muskellängenverhältnisse führen zu einer Vordehnung der Gesäß- und der rückwärtigen Oberschenkelmuskulatur, die in Verbindung mit der Rumpfvorlage sowohl den Kniehub als auch die Hüftstreckung erschweren. Aus diesem Grund stellen die Übungen mit Oberkörpervorlage eine sprintspezifische Form des Krafttrainings dar.
Darüber hinaus dienen diese weiterführenden Trainingsformen dem bewußten Laufen mit Rumpfvorlage und der Gewöhnung des Sportlers an extreme Rumpfhaltungen, wodurch die individuellen Grenzen ‹ausgetestet› werden können. Damit erfolgt eine Variation des Trainings durch Veränderung der Gravitations- und Trägheitsbedingungen der einzelnen Körpersegmente, welche eine wesentliche Grundlage für ein auf zentralnervöser Ebene selbstorganisiertes Lernen von Bewegungskoordinationen darstellt.

Der eigentliche Startvorgang, nämlich die Reaktion auf ein Startsignal und die ersten Schritte, ist Hauptinhalt der *Startübungen aus unterschiedlichen Positionen*. Hier wird entsprechend dem Prinzip ‹Vom Einfachen zum Schweren› zunächst aus ruhenden und bekannten Positionen begonnen, die unmittelbar zum Start führen. Dabei wird ein Hauptaugenmerk auf die Fähigkeit gelegt, aus einer ruhenden Position mit maximaler Intensität und mit dem ‹ganzen Körper› zu

reagieren – der Sportler muß regelrecht ‹explodieren› (‹von 0 auf 100›). Unterstützende Trainingsformen stellen die auf S. 108 aufgeführten aktiven azyklischen Sprungformen dar.
In einem weiteren Schritt werden vor allem im Hinblick auf Spielsportarten vor den ersten Startschritt zusätzliche Aktionen gestellt, die zwei Ziele haben. Zum einen soll die gesamte Körpermuskulatur in ihren vielfältigen Funktionen mit der Startreaktion ‹explosiv› beansprucht werden, und zum anderen soll der Einfluß der Oberkörperposition beim Ablauf bewußtgemacht werden. Der wesentliche Einfluß der Oberkörperhaltung auf die Beschleunigung beim Start wird durch die Startübungen aus unterschiedlichen Positionen verdeutlicht. Ist die Oberkörpervorlage zu gering, können die Trägheitskräfte und die günstigeren Arbeitswinkel einiger Muskelgruppen bzw. Gelenke nur unzureichend für den Vortrieb genutzt werden. Das Erlangen einer solchen Rumpfvorlage ist in den Sportspielen vor allem beim Start aus der Bewegung eine wesentliche Aufgabe des koordinativen Sprinttrainings.

Aus biomechanischer Sicht unterscheiden sich die unterschiedlichen Startpositionen in erster Linie durch unterschiedliche Wege des Rumpf(schwerpunkt)s bis zur eigentlichen Ablaufposition, die im optimalen Fall erst dann erreicht ist, wenn sich der Schwerpunkt des Rumpfs vor der Unterstützungsfläche befindet und die Rumpfvorderseite in Laufrichtung zeigt. Der längste Weg des Rumpfs ist aus liegender Position zurückzulegen, wenn die Füße in Laufrichtung zeigen, eine mittlere Wegstrecke wird aus dem Stehen oder Sitzen zurückgelegt und am wenigsten aus liegender Position mit Kopf in Laufrichtung. Durch das

Liegen auf dem Rücken bzw. Sitzen mit dem Rücken in Laufrichtung wird zusätzlich eine Rotation des Körpers benötigt und dadurch eine schnellkräftige Kontraktion der diagonalen Rumpfmuskulatur mit gefördert. Um einer einseitigen Ausbildung der Rumpfmuskulatur vorzubeugen, sollte auch diese Art von Startreaktionen stets in beide Richtungen geübt werden.

Zwei verschiedene Rumpfhaltungen in Kauerstartposition

Der Einfluß der Rumpfhaltung im Bereich der Lendenwirbelsäule auf das Startverhalten kann anhand von Kauerstarts mit zwei extremen Rumpfhaltungen bewußtgemacht werden: Einmal wird mit extremem Rundrücken gestartet, das andere Mal mit fast geradem Rücken (Fotos). Bei Starts aus diesen Positionen wird man feststellen, daß der Start mit geradem Rücken zwar anstrengender ist, sich jedoch positiv auf das Beschleunigungsverhalten auswirkt. Die Ursache hierfür liegt in einer für den Sprint günstigeren Beckenhaltung. Durch den geraden Rücken wird das Becken abgekippt und mit dem Abkippen die vor allem für den horizontalen Vortrieb verantwortliche ischiocrurale Muskulatur an der Oberschenkelrückseite vorgespannt. Durch die Vorspannung müssen dann zwar die Hüftbeuger beim Knieheben mehr Arbeit leisten, die Streckung der Hüfte und des Knies beginnt jedoch auf einem höheren Kraftniveau und erfolgt daher im allgemeinen schneller.

Grundformen des Startablaufs

Startsprung

Ausgangsposition

Kauerposition: Beine leicht gebeugt, Oberkörper nach vorne geneigt, Arme hängen parallel herab, Hände berühren knapp den Boden.

Bewegungsausführung

Während des Nach-vorne-Fallens dynamische Streckung der Beine mit explosiver Armunterstützung.

Lernhinweis

‹Springe mit dem Kopf nach vorne durch eine Mauer›.

Diese Anweisung kommt der Natur des Sprintschritts näher als die Anweisung ‹Lauf so schnell wie möglich vom Block weg›. Es ist lediglich darauf zu achten, daß der Sprung nach vorne führt und durch die Arme und das Schwungbein unterstützt wird. Diese Form kann auch in unterschiedliche Richtungen ausgeführt werden (spez. für Spielsportarten). Über ‹Gräben› (Markierung) springen und Oberkörper tief halten. Anfangs betont auf Armführung achten – keine Ausholbewegung der Arme.

Kauerposition

Sprung

Abläufe auf Druck

Ausgangsposition

Kauerposition: Beine leicht gebeugt, Oberkörper nach vorne geneigt, Arme hängen parallel herab, Hände berühren knapp den Boden.

Bewegungsausführung

Nach dem Abdruck Oberkörper tief halten, Knie zur Brust führen und betont nach hinten unten treten.

Lernhinweis

Diese Ausführungsform sollte eher frequenzbetont sein, um sie auch von den Zugabläufen deutlich zu unterscheiden. In fortgeschrittenem Stadium auf gestreckten Oberkörper mit abgekipptem Becken achten.

Abläufe auf Zug

Ausgangsposition

Kauerposition: Beine leicht gebeugt, Oberkörper nach vorne geneigt, Arme hängen parallel herab, Hände berühren knapp den Boden.

Bewegungsausführung

Nach dem Abdruck die Schritte auf Länge machen, d. h., der Fußaufsatz findet weiter vor dem Körper statt und kann anfangs durchaus mit der Ferse erfolgen – er sollte jedoch ‹aktiv greifend› sein. Oberkörper flach halten.

Lernhinweis

Die Schritte so lange wie möglich ziehen. In fortgeschrittenem Stadium auf gestreckten Oberkörper mit abgekipptem Becken achten. Oberkörper ruhig halten und nicht nach links und rechts mitschwingen. Vorgabe an Schrittzahl für eine bestimmte Distanz.

Start und Lauf verbinden

Abläufe mit Kniehub

Ausgangsposition
Kauerposition: Beine leicht gebeugt, Oberkörper nach vorne geneigt, Arme hängen parallel herab, Hände berühren knapp den Boden.
Bewegungsausführung
Kniehebelauf mit horizontalem Oberkörper. Im Unterschied zum Druckablauf wird der Fuß unter dem Körper aufgesetzt und lediglich der Kniehub betont.
Lernhinweis
‹Mit den Knien gegen die Brust trommeln›. Darauf achten, daß der Oberkörper relativ ruhig bleibt und der Rundrücken nicht zu stark wird. Bei Armarbeit auf hohe Ellbogenführung hinter dem Körper achten.

Abläufe mit Anfersen

Ausgangsposition
Kauerposition: Beine leicht gebeugt, Oberkörper nach vorne geneigt, Arme hängen parallel herab, Hände berühren knapp den Boden
Bewegungsausführung
Anfersen mit horizontalem Oberkörper
Lernhinweis
Fersen hinten so hoch wie möglich und mit den Armen die Bewegung ausgleichen. Oberkörper ruhig halten und nicht nach links und rechts mitschwingen

Starts aus ruhenden Positionen
Ablauf aus folgenden Startpositionen:

Starts aus der Rückenlage
Laufstrecke: 10 bis 15 m
Variationsmöglichkeiten
- Arme und Beine gestreckt
- Arme am Körper, Füße in Laufrichtung
- Arme am Körper, Kopf in Laufrichtung
- Arme und Beine nach oben gestreckt.

Starts aus der Bauchlage
Laufstrecke: 10 bis 15 m
Variationsmöglichkeiten
- Arme und Beine gestreckt
- Arme am Körper, Füße in Laufrichtung
- Arme am Körper, Kopf in Laufrichtung
- Hände am Nacken, Füße anheben.

Starts aus dem Liegestütz
Laufstrecke: 10 bis 15 m
Variationsmöglichkeiten
- Kopf in Laufrichtung
- Füße in Laufrichtung
- Liegestütz rückwärts.

Starts aus dem Sitz
Laufstrecke: 10 bis 15 m
a) Sitz mit gestreckten Beinen
Ausgangsposition:
gerader Rücken, Hände hinter dem Kopf verschränkt
Variationsmöglichkeiten
- Blick in Laufrichtung, Hände auf dem Boden
- Rücken in Laufrichtung, Hände auf dem Boden
- Blick in Laufrichtung, Hände am Nacken
- Rücken in Laufrichtung, Hände am Nacken.

b) Schneidersitz

Starts aus dem Kniestand
Laufstrecke: 10 bis 15 m
a) beidbeinig
Variationsmöglichkeiten
- Blick in Laufrichtung
- Rücken in Laufrichtung

b) einbeinig
Variationsmöglichkeiten
- linker Fuß vorne
- rechter Fuß vorne

Starts aus dem Stand (Fotos rechts)
Laufstrecke: 10 bis 15 m
Variationsmöglichkeiten
- Blick in Laufrichtung
- Rücken in Laufrichtung
- seitlich zur Laufrichtung

Starts aus dem Stand (Fallstarts)

Starts aus der Bewegung

Nach dem Startsignal (optisch, taktil oder akustisch) die optimale Beschleunigungsstellung (Rumpfvorlage) einnehmen und ca. 20 m starten.
Die Starts erfolgen:

- aus dem Gehen:
  a) vorwärts und in gleiche Richtung weiterlaufen,
  b) rückwärts ($^{1}/_{2}$ Drehung) und in gleiche Richtung weiterlaufen,
  c) vorwärts ($^{1}/_{2}$ Drehung) und in die Gegenrichtung laufen,
  d) rückwärts und in die Gegenrichtung laufen,
  e) vorwärts ($^{1}/_{4}$ Drehung links bzw. rechts) und quer nach links bzw. rechts laufen;
- aus dem Traben: siehe a) bis e);
- aus dem Hopserlauf: siehe a) bis e);
- aus dem Lauf: siehe a) bis e);
- aus der Rolle – um etwas mehr Sicherheit bei (und bessere Orientierung nach) Stürzen zu bekommen.

Der Start aus der Bewegung sollte zuerst mehrfach unter jeder Bedingung wiederholt werden. Beim Fortschreiten des Trainingsprozesses können unterschiedliche Bedingungen in einer Übungskombination verbunden werden, wobei immer darauf zu achten ist, daß der Sportler eine unter biomechanischen Aspekten günstige Körperstellung (betonte Rumpfvorlage) beim Start in den Lauf bzw. in der Beschleunigungsphase einnimmt. Bei Anfängern bis zu fünf Starts, bei Fortgeschrittenen bis zu zehn Starts mit lohnender Pause.

Die Art (optisch/akustisch/taktil) und die Folge (kurz warten/lange warten) des Startsignals sollte mit Fortschreiten des Trainingsprozesses immer mehr variiert werden. Dabei ist es vor allem beim Training von Spielern zweckmäßig, sportartspezifische Reize (Ballwurf/Gegnerbewegungen) als Startsignal anzuwenden.
Alle aufgeführten Möglichkeiten des Starts können in der Trainingseinheit nach einer gewissen Anlernphase in ‹spielerischer› Form (d. h. mit Wettkampfcharakter) vor allem bei Kindern eingesetzt werden, wodurch Motivation und Einsatz der Sportler und Schüler gesteigert wird.

Übergang von der Startbeschleunigung zum Sprintlauf

Durch die Übungen zur Startbeschleunigung soll die kontinuierliche Anpassung der Körperstellung von der optimalen Beschleunigungshaltung in die Sprinthaltung gelernt und trainiert werden. Die Schulung dieses Übergangs ist notwendig, da viele Sportler entweder die typische Beschleunigungshaltung (Vorlage) zu lange beibehalten und somit nicht ihre maximale Geschwindigkeit erreichen können oder den Oberkörper so früh und abrupt aufrichten, daß sie nicht mehr maximal beschleunigen können.

Übungsreihe

1) 20 m Zugablauf (Schritte auf Länge), 10 m Kniehebelauf auf Frequenz.
2) Startsprung 20 m Zugablauf mit extrem vorwärts geneigtem Oberkörper, fließender Übergang zum Kniehebelauf über 30 m.
3) 20 m frequenter Druckablauf, 15 m Zugablauf.
4) 20 m frequenter Druckablauf mit extrem vorwärts geneigtem Oberkörper, Oberkörper langsam aufrichten und in den 20 m Kniehebelauf übergehen.
5) 20 m Zugablauf auf Frequenz (dadurch werden die Schritte etwas kürzer), 20 m Kniehebelauf mit maximaler Frequenz.
6) 20 m Druckablauf bergauf, 20 m Zuglauf in der Ebene.
7) 20 m Zugablauf in der Ebene, 10 m Kniehebelauf leichtes Gefälle bergab (Vorsicht, nicht Sprunglauf).
8) Frequenzwechsellauf: 15 m Schrittlänge betont (Zuglauf), 15 m Kniehub betont (Drucklauf), 10 m Zuglauf, 10 m Drucklauf.
9) Aus Kauerposition Startsprung mit Druckablauf, langsam übergehen in Zuglauf und dabei allmählich den Oberkörper aufrichten.

Variation: Übungsformen nicht über markierte Strecken, sondern auf Zuruf wechseln.

Häufige Fehler beim Starten

Fehler	Ursache / Folge	Korrektur
Oberkörper wird zu früh aufgerichtet.	Falsche Bewegungsempfindung oder zu schwache Rumpf-, Hüftmuskulatur.	– Mit den Augen ein Ziel am Boden anvisieren oder Handrücken zur Stirn führen.
Oberkörper ist unruhig.	Rumpfmuskulatur kann die notwendige Kraft nicht elastisch aufbringen.	– Koordninationsarbeit mit betont ruhigem Oberkörper verstärkt durch entsprechende Armhaltungen.
Bei den Übergängen wird Beckenhaltung geändert.	Durch mangelnde Rumpf- bzw. Beckenstabilisierung kommt es zum Aufrichten des Beckens mit mit dem Kniehub und somit zu keiner optimalen Impulsübertragung.	– Verbesserung der Beweglichkeit durch Gymnastik und Kniehebegehen.
Bei kontinuierlichen Übergängen wird zu abrupt gewechselt.	Falsche Bewegungsvorstellung führt meist zu einer zusätzlichen fehlerhaften Übungsausführung.	– Erst in langsamer Frequenz trainieren oder durch Klatschen Rhythmus vorgeben.

Die Gymnastik

Ziele der Gymnastik

Die Gymnastik für das Sprint- und Lauftraining verfolgt zwei Aspekte:
- Muskelfunktionstraining
- Koordinationstraining

Die *funktionell orientierte Gymnastik* strebt eine Aktivierung und Verbesserung der Muskelfunktion und des Herz-Kreislauf-Systems an. Das Training richtet sich nach den anatomischen und physiologischen Bedingungen des passiven und aktiven Bewegungsapparats. Einen komplexen Teilbereich des Muskelfunktionstrainings bildet die Haltungsschulung. In Ergänzung zur Funktionsgymnastik einzelner Muskelgruppen und Wirkungsbereiche wird hier das muskuläre Zusammenspiel des gesamten Körpers im quasi-statischen Zustand trainiert.
Die *koordinativ* bzw. *rhythmisch* ausgerichtete *Gymnastik* hat ihren Schwerpunkt im Bereich der Bewegungsgestaltung durch Übungskombinationen. ‹Rhythmisch› ist nicht nur im Sinne einer zeitlichen Reihenfolge einzelner Gelenkbewegungen oder Muskelkontraktionen zu verstehen, sondern als Wechselspiel der gesamten Körpermuskulatur. Stellen wir uns einen einzelnen Muskel als ein Musikinstrument vor, dann entspricht die Gesamtkörperbewegung dem Spiel eines Großorchesters und die Individualität der Bewegung dem spezifischen ‹Klang und Rhythmus› des Orchesters. Das wesentliche Prinzip der koordinativen Gymnastik ist die Ganzkörperbewegung, in die umfassende Muskelsynergieschlingen einbezogen sind und deren Wechelspiel in den Bewegungsübergängen von einer Position (Haltung) in die nächste mit unterschiedlicher Dynamik ‹erfahren› (gelernt) wird. Synergetik wird hier im Sinne ‹der Lehre vom Zusammenwirken› nach HAKEN (1983) verstanden.
In Anlehnung an die Spezifik der Sprint- und Laufbewegung werden im Rahmen des Muskelfunktionstrainings zunächst Übungen aufgeführt, die von unten nach oben sukzessive das Zusammenwirken von Muskelsynergieschlingen vorbereiten. Ausgehend von der eingelenkigen Muskulatur am Sprunggelenk, wer-

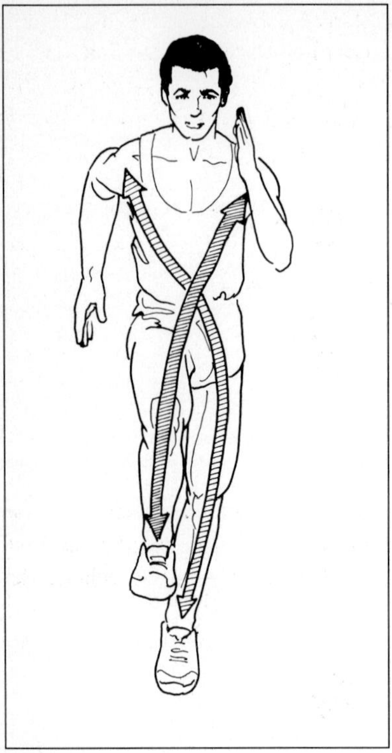

Abbildung 18: Zum Prinzip der diagonalen Koordination

den Haltung und Bewegung, nach und nach, jeweils über die entsprechenden zwei-(und mehr-)gelenkigen Muskeln, zu komplexen Synergieschlingen erweitert. Unter informationstheoretischem Aspekt wird bei diesem Aufbau jeweils durch das ‹Gewöhnen› an eine Übung Information abgebaut und durch die Hinzunahme eines neuen Gymnastikelements neue Information unter Verwendung des Alten hinzugefügt.

Im Rahmen der Funktionsgymnastik werden stets Muskeln angesprochen, die auch während der Lauf- und Sprintbewegung zusammenwirken. Ein wesentlicher Aspekt ist hierbei der Aufbau nach dem *Prinzip der diagonalen Koordination* (Abbildung 18), d. h., Bewegungen erfolgen nicht nur einseitig jeweils an einem Bein oder parallel mit beiden Armen, sondern entsprechend der disziplinspezifischen Belastung mit beiden Armen und Beinen zwar gleichzeitig, jedoch mit unterschiedlichen Bewegungsfunktionen koordiniert.

Das diagonale Prinzip ist auch wesentlicher Bestandteil der Übungen zur Gleichgewichtsschulung. Durch Gleichgewichtsübungen wird das komplexe Zusammenspiel von Stütz(Stand)- und Schwung(Spiel)bein und somit die Belastbarkeit der Muskelsynergieschlingen für den Stütz, die Scherbewegung und den Impulsübertrag beim Sprint gefördert.

Die komplexeste Form der Bewegungskoordination wird in der Zusammenstellung der Übungskombinationen erreicht.

Hier soll durch fließende Übergänge das komplexe Wechselspiel von Agonist und Antagonist sowie von Spannung und Entspannung bewußtgemacht werden. Das hier zugrunde gelegte Gymnastikkonzept geht von der Individualität der menschlichen Bewegung aus. Es basiert auf dem ‹Druckaufbau gegen die Unterstützungsebene› durch die Streckung der verschiedenen Körperteile (Körperzentren) sowie dem Vorgang der Stabilisation und Impulsübertragung. Durch

den ständigen Wechsel zwischen stabiler und labiler Gleichgewichtslage (Fließgleichgewicht) kommt es zum zeitweiligen Aufgeben des Gleichgewichts. Dem Bereich der Lendenwirbelsäule und des Beckens kommt dabei für die Sprint- und Laufbewegung eine Schlüsselrolle als ‹Hauptzentrum des Körpers› zu (vgl. auch funktionelle Wirkung der Becken/LWS-Haltung in «Anatomisch-funktionelle Voraussetzungen»).
Insgesamt wird die Verbesserung der Muskelfunktion und Koordination als Voraussetzung für eine zunehmende Körperbeherrschung und damit für eine Steigerung der Leistungsfähigkeit im Sprint und Lauf betrachtet.

Die Muskelsynergiezonen

Entsprechend ihrer Funktion für die Haltung und Bewegung des Sportlers ist es hilfreich, das Muskelfunktionstraining in Zonen des Körpers einzuteilen, die auch während des Sprints unmittelbar zusammenwirken. Für den Sprint bzw. Lauf genügt eine Untergliederung des menschlichen Körpers entsprechend der primär beanspruchten Gelenke in folgende Synergiezonen:
- Muskelsynergiezone I: Fuß- und Kniegelenk,
- Muskelsynergiezone II: Knie- und Hüftgelenk,
- Muskelsynergiezone III: Hüftgelenk und Rumpf,
- Muskelsynergiezone IV: Rumpf- und Schultergelenk,
- Muskelsynergiezone V: Schultergelenk und Arm.

Jede dieser Muskelsynergiezonen stellt für sich eine funktionelle Einheit dar. Aufgrund der zwei Gelenke überspannenden Muskulatur sind die Muskelsynergiezonen jedoch nicht getrennt zu betrachten, sondern in einem komplexen Wechselspiel. Die komplexe Anordnung und Wirkung der Muskeln liefert einen Hinweis auf die Notwendigkeit eines Kräftegleichgewichts über alle Gelenke und nicht nur an einzelnen Gelenken. Für eine funktionelle und gesunde Sprint- und Lauftechnik ist das Kräftegleichgewicht nicht nur zwischen Agonist und Antagonist eines Gelenks Voraussetzung, sondern auch innerhalb und zwischen den Synergiezonen.
Durch den Aufbau der Gymnastik nach Muskelsynergiezonen werden funktionelle Wechselwirkungen an einzelnen und mehreren Gelenken bewußtgemacht und in kontrollierten Bewegungsformen trainiert, die bei den großen Geschwindigkeiten des Sprints und Laufs häufig zu unbewußten Ausweichbewegungen und damit langfristig zu Fehlbelastungen führen. Fehlbelastungen sind demnach

sowohl durch falsche Bewegungstechniken als auch durch Dysbalancen innerhalb und zwischen den Synergiezonen bedingt. Während das Training der spezifischen Bewegungstechnik in erster Linie Gegenstand der Sprint- und Laufschule ist, besteht die Hauptfunktion der Gymnastik im Vermeiden und Beseitigen von Dysbalancen der Synergiezonen.

Die vorliegende Funktionsgymnastik ist ein Übungsprogramm zur Dehnung und Kräftigung der Körpermuskulatur. Es werden Muskelgruppen beansprucht, die über ein bzw. zwei Gelenke hinweg zusammenwirken. Sämtliche Gymnastikformen der Sprint- und Laufschule haben somit eine Verbesserung der Gelenk- und Muskelfunktion zum Ziel, wobei je nach Übung unterschiedliche konditionelle und koordinative Eigenschaften betont werden. Eine zunehmend bessere Ausführung der Sprint- und Laufübungen ist stets von einem notwendigen Maß an Kraft, Ausdauer, Schnelligkeit, Flexibilität (Gelenkigkeit) oder Koordination im Ganzen abhängig. Das Muskelfunktionstraining zielt in erster Linie auf die konditionellen Komponenten Kraft und Flexibilität ab. Dem Bereich der Ausdauer kommt im folgenden etwas weniger Bedeutung zu, da deren Training in erster Linie durch die Kontraktionsdauer, die Anzahl an Übungswiederholungen und Pausendauer der dargestellten Übungen und weniger durch Inhalte bestimmt wird.

Zur Koordination

Als Koordination wird allgemein das Zusammenwirken von Zentralnervensystem und Skelettmuskulatur innerhalb eines gezielten Bewegungsablaufs bezeichnet (Hollmann et al. 1980). Speziell wird zwischen intra- und intermuskulärer Koordination unterschieden. Während sich die intramuskuläre Koordination auf das Zusammenspiel von Nerv und Muskel bezieht, wird mit der intermuskulären Koordination das Zusammenwirken verschiedener Muskelgruppen angesprochen.

Gegenstand der Gymnastik für die Sprint- und Laufkoordination ist sowohl das Training der intra- als auch der intermuskulären Koordination, die auf die Stabilisationsfunktion der Rumpfmuskulatur abzielt. Diese wird im Vergleich zur eigentlichen Sprintbewegung in langsameren Bewegungen geübt.

Zur Kraft

Die wesentliche Funktion der gymnastischen ‹Muskelkräftigung›, vor allem der Rumpf- und Beinmuskulatur, ist das Training zur Verbesserung des (dynamischen) Gleichgewichts und zur Stabilisierung. Sie dient in erster Linie einer funktionellen Haltung des Körpers während der Fortbewegung, die durch ständige Ausgleichsbewegungen erzielt wird. Ist die Bein-, Becken- und Rumpf-

muskulatur für den Sprint bzw. das Laufen nicht genügend ‹gekräftigt›, sind sowohl die Elemente des Stützes als auch des Schwungs in erheblichem Maße beeinträchtigt und können von Überanstrengungen über Fehlbelastungen bis zu Ausfallerscheinungen führen (z.B. Muskelkrampf, -zerrung, -riß, Gelenkverstauchung).
Sämtliche Übungen zur Kräftigung der Muskulatur werden im folgenden ausschließlich mit Hilfe des eigenen Körpers ausgeführt. Durch entsprechende Gelenkwinkelstellungen, Hebeländerungen und Bewegungsgeschwindigkeiten können umfangreichere Muskelgruppen beansprucht und kann in weitem Maße auf Krafttraining mit Fremdlast verzichtet werden. So wird zum Beispiel beim Bankdrücken ausschließlich die Arm-, Schulter- und Brustmuskulatur belastet, wohingegen beim Liegestütz gleichzeitig die vordere Rumpf- und Beinmuskulatur mittrainiert wird.
Für eine Belastungssteigerung stehen unterschiedliche Handpositionen (Finger nach außen bzw. innen, Stellung breit bzw. schmal, eher in Richtung Kopf bzw. in Richtung Beine) oder Beinpositionen (Beine höher lagern, einbeinig) zur Verfügung, um die Muskulatur in einem größeren Bereich zu belasten.

Zur Flexibilität

Unter Flexibilität bzw. Beweglichkeit wird hier die Bewegungsweite eines oder mehrerer Gelenke verstanden. Im Hinblick auf die Sprint- und Lauftechnik ist eine Unterscheidung in aktive und passive Beweglichkeit von besonderem Interesse. Hierbei fällt die passive Beweglichkeit aufgrund äußerer Kräfte (Schwerkraft) größer aus als die aktive. Wird zum Beispiel ein Ausfallschritt mit beiden Füßen am Boden ausgeführt, so ist (passiv) ein relativ großer ‹Spreiz›-Winkel zwischen den beiden Oberschenkeln zu erzielen. Kleiner fällt der Winkel aus, wenn man die Schritthaltung auf der Seite liegend oder an einer Stange hängend aktiv versucht. Meist liegt die Ursache für zu große Differenzen zwischen der passiven und aktiven Beweglichkeit in einem gleichseitigen und diagonalen Ungleichgewicht von Streckern und Beugern hinsichtlich ihrer Kraftentwicklung, Entspannungsfähigkeit und Dehnbarkeit.
Für eine funktionelle Sprint- und Lauftechnik ist die aktive Beweglichkeit im Hüftbereich von besonderer Bedeutung, da der maximale Winkel zwischen den Oberschenkeln am Ende des Bodenkontakts erzielt wird, d. h. das Schwungbein ohne äußere Kraft in die Horizontale gehoben werden muß. Anzustreben ist dabei eine optimale (nicht maximal) aktive Beweglichkeit, da ein Zuviel eher hinderlich ist. Durch wechselseitiges aktives und passives Dehnen und Kräftigen dieser Muskeln wird nach längerer Übung eine Vergrößerung der Bewegungsweite des Gelenks erreicht. Hierbei ist zu berücksichtigen, daß bei jeder aktiven

Dehnung der Kräftigungseffekt für die Agonisten größer ist als der Dehneffekt für den Antagonisten.
Zum Training der aktiven Beweglichkeit sind die Übungen so angeordnet, daß Dehnung meist in Zusammenhang mit Kräftigung entsprechend der Muskelsynergiezonen erfolgt. Besonders im Hinblick auf die Stabilisierung einzelner Gelenke ist nach passiven Dehnübungen auf ausgleichende Kräftigungsübungen zu achten. Die Dehnübungen erfolgen im Trainingsprogramm nach den Aufwärm- und Lockerungs-, jedoch vor den Kräftigungsübungen, da nur vorbereitete Muskulatur optimal dehnbar und kontraktionsfähig ist. Die Übungen sollten stets beidseitig durchgeführt werden, um muskulären Dysbalancen vorzubeugen. Sie können in der angegebenen Reihenfolge ausgeführt werden, da die Ausgangsposition für jede folgende Übung nur durch eine kleine Positionsänderung (wenig Information) zu erreichen ist und dadurch jeweils Elemente der vorherigen Übungen übernommen und mit neuen Elementen verbunden werden.

Funktionsgymnastik mit Schwerpunkt auf einzelnen Phasen des Sprintschritts

Die Muskelsynergiezone I – Zur aktiven Fußgelenksarbeit und Fußgelenksarbeit auf Druck

Einbeinstand, anderes Bein auf Fußspitze stellen und Ferse langsam in beide Richtungen kreisen.

Einbeinstand, Knie des anderen Beins vorne hochheben, Fußspitze unter dem Knie und Fuß langsam kreisen.

Schrittstellung, beide Fersen am Boden, vorderes Knie leicht beugen. Das Knie des hinteren Beins zur Fußspitze drücken, Knie *leicht* nach außen bzw. innen verlagern.

Einbeinstand, anderes Bein auf Fußspitze stellen, Fußrücken in Richtung Boden drücken, Ferse *leicht* nach außen und innen bewegen.

Die Muskelsynergiezone II – Zum Anfersen, Kniehub und Stampfen

Einbeinstand, freies Bein anfersen, beide Hände halten den Fuß am Gesäß. Das Knie des angefersten Beins soll vor dem Knie des Standbeins bleiben, das Becken ist aufgerichtet (Bauch einziehen und Gesäßmuskeln anspannen).

Ausgangsposition wie vorherige Übung, jetzt aber mit beiden Händen Knie langsam nach hinten oben ziehen.

Leichte Schrittstellung, vorderes Knie gebeugt. Ferse des hinteren Beins auf den Boden drücken und Knie durchstrecken. Oberkörper in Verlängerung des hinteren Beins.

Leichte Schrittstellung, vorderes Knie gestreckt. Oberkörper vorbeugen, Bauch auf den Oberschenkel drükken. Zur Verstärkung die Fußspitze des vorderen Beins anziehen.

Ausfallschritt, vorderes Knie ca. 90 Grad gebeugt. Knie des hinteren Beins strecken. Versuchen, die Hüfte an die Ferse des vorderen Beins zu bringen.

Tiefer Ausfallschritt, das Knie des hinteren Beins strecken. Zunächst mit den Händen auf dem vorderen Knie abstützen, dann ohne Unterstützung. Dadurch wird die Muskulatur des vorderen Beins für eine Position vorbereitet bzw. gekräftigt, wie sie beim Startablauf (Beschleunigungsabschnitt) vorkommt.
Wird die Übung im Hängen (z.B. an der Latte eines Tores) durchgeführt, werden die Kraftverhältnisse umgekehrt und wird die aktive Beweglichkeit, die unabdingbare Voraussetzung für eine entsprechende Schrittlänge darstellt, gefördert.

Schrittstellung, hinteres Knie auf Boden ablegen. Mit den Händen an das Sprunggelenk des vorderen Beins greifen und Oberkörper auf vorderes gestrecktes Knie ziehen.
Zur Intensivierung Fußspitzen anziehen.
Langsam vorderes Knie beugen und strecken.

Beine etwas weiter als schulterbreit auseinander.
Abwechselnd linkes bzw. rechtes Knie über die Fußspitze (axiales Arbeiten) nach vorne schieben, anderes Bein bleibt dabei gestreckt und Oberkörper aufrecht (leichte Dehnung im Adduktorenbereich). Langsam immer tiefer gehen.

Einbeinige Hocke, wobei das Körpergewicht zunächst noch auf die Arme mitverteilt ist (wichtig: Knie über Fußspitze). In der einbeinigen Hocke sollte mit der Zeit die jeweilige Ferse am Boden bleiben. Wenn nicht möglich, ist dies ein Hinweis auf eine Bewegungseinschränkung im Sprunggelenk.
Beim Wechsel von der einbeinigen Hocke links zur einbeinigen Hocke rechts werden anfangs die Arme zwischen den Beinen zur Unterstützung auf dem Boden aufgesetzt. In aufgewärmtem und fortgeschrittenem Zustand kann und sollte dies auch ohne Armunterstützung durchgeführt werden.

Einbeinige tiefe Hocke, den Fuß des gestreckten Beines langsam nach oben und nach vorne drehen.

Einbeinstand, den freien Fuß auf das Knie des Standbeins legen und Knie nach außen drücken.

Einbeinstand, Oberschenkel des anderen Beins 90 Grad anheben, Außenkante des Fußes und den Unterschenkel anziehen (Hüftinnenrotation).

Ausgangsposition wie vorherige Übung, jetzt die Innenkante des Fußes und den Unterschenkel anheben (Hüftaußenrotation).

Einbeinstand, seitlich anheben, Ferse zum Gesäß, dabei Knie und Fuß auf einer Höhe halten (eher das Knie höher). In dieser Position das Standbein leicht beugen und wieder strecken. Im fortgeschrittenen Stadium kann in dieser Position das Knie gestreckt werden, ohne daß sich der Oberschenkel bewegt.
Damit in diesen Positionen nicht zu sehr mit dem Rumpf ausgewichen und gleichzeitig die Rumpfmuskulatur gekräftigt wird, die Arme senkrecht nach oben strecken.
Bei Gleichgewichtsschwierigkeiten können die Arme auch zur Seite gehalten werden.

Ausgangsposition: Beine weiter als schulterbreit auseinander, Oberkörper 90 Grad nach vorne beugen und Bauch in Richtung Boden drücken. Oberkörper mit gerader Wirbelsäule langsam nach rechts und links bewegen. Zur Verstärkung können die Arme 90 Grad abgespreizt oder nach vorne über den Kopf gehalten werden.

Ausgangsposition wie vorherige Übung. Mit den Händen vorne aufstützen und mit den Füßen langsam auseinander wandern. Hände erneut lösen und geraden Oberkörper wieder von links nach rechts und umgekehrt bewegen.

Ausgangsposition wie vorherige Übung. Die Ellbogen auf den Boden stützen und mit den Ellbogen langsam nach vorne wandern, bis die Hüfte kurz über dem Boden ist (nicht ablegen).

Mit den Ellbogen nach rechts bzw. links wandern und in der Endposition jeweils kurz verharren (an die neue Position gewöhnen). Position langsam wieder auflösen, d. h. Oberkörper in Mittelposition, Ellbogen wandern zum Körper zurück.

Die Muskelsynergiezone III – Zur Rumpf- und Beckenhaltung

Stand mit weit gespreizten Beinen. Auf die Hände stützen und versuchen, mit den Händen so weit wie möglich unter das Gesäß zu wandern. In der Endposition verharren und das Gewicht langsam auf die Hände verlagern.

Hinknien, ein Bein gestreckt zur Seite. Oberkörper aufrichten, Arme über Kopf aus dem Körper ziehen. Aus dieser Position Oberkörper zum gestreckten Bein neigen (nicht passiv, sondern über die Muskulatur führen). Darauf achten, daß Oberkörper und Arme stets eine Linie bilden.

Auf die andere Seite neigen, bis Oberkörper und Arme die Verlängerung des gestreckten Beins darstellen. (Falls zu schwer, Arme anwinkeln und Hände hinter den Kopf, dabei jedoch die Ellbogen weit nach hinten drükken.)

Ausgangsposition wie vorherige Übung.
In der Hüfte abknicken und Oberkörper und Arme in unveränderter Haltung auf gestrecktes Bein legen.

Füße schulterbreit auseinander, in die Hocke gehen und dabei die Knie über den Fußspitzen lassen. Mit den Händen zwischen den Beinen aufstützen und mit den Ellbogen die Knie leicht nach außen drücken. Mit der Hüfte zwischen den Beinen federn. Fortgeschrittene können langsam das Gewicht nach vorne verlagern, bis die Füße vom Boden abheben, und dabei weiter federn.

In der Hocke gesamtes Gewicht auf eine Seite verlagern (Knie in der Achse halten) und das unbelastete Knie neben der Ferse des belasteten Beins ablegen.
Beim Wechsel auf die andere Seite ist wichtig, daß immer zuerst das gesamte Gewicht wieder auf das Bein verlagert wird, das in der Achse gehalten wird.

Füße in der Hocke etwas enger stellen und Beine mit den Armen eng umschließen.

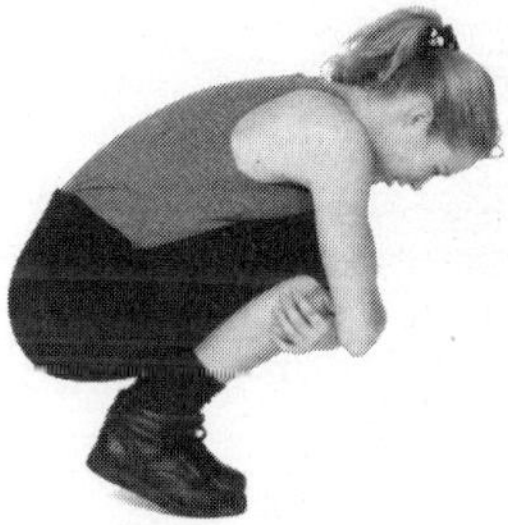

Mit den Händen am Sprunggelenk festhalten und langsam die Knie strecken, dabei mit dem Oberkörper immer Kontakt mit den Oberschenkeln halten.
Normalerweise können die Knie nicht ganz durchgestreckt werden. An der Schmerzgrenze 3 sec halten und wieder langsam absenken.
Oberkörper langsam Wirbel für Wirbel aufrichten.

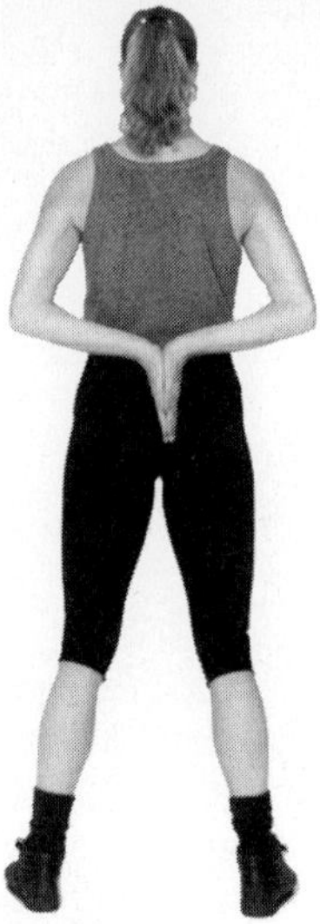

Die Muskelsynergiezonen IV und V – Zur Armarbeit

Hände zusammenpressen/auseinanderziehen – Griffe wechseln:
- vor dem Bauch
- vor der Brust
- über dem Kopf
- hinter dem Gesäß

Hände auf dem Rücken zusammenführen. Verstärken der Dehnung bzw. Kräftigung durch aktives Auseinanderziehen der Hände.

Hände über dem Gesäß falten. Arme so weit wie möglich nach hinten oben führen (wichtig für die hintere Schwungphase der Arme).

Den gestreckten Arm mit dem Gegenarm auf Schulterhöhe in Richtung der gegenüberliegenden Schulter drücken.

Ein Arm wird leicht gewinkelt vor dem Körper gehalten. Der andere Arm wird unter dem Ellbogen entlanggeführt, bis die Hand das Handgelenk des Gegenarms umfassen kann. Das Handgelenk wird leicht nach unten gedrückt, wobei der Unterarm als Widerlager ausgenutzt wird und dadurch die Außenrotatoren der Schulter gedehnt werden.

Mit einem Arm hinter dem Kopf an das gegenüberliegende Schulterblatt fassen. Mit dem anderen Arm die Dehnung durch ein leichtes Ziehen am Ellbogen unterstützen. Dabei versuchen, den Kopf gerade zu lassen, und den Arm weit hinter dem Kopf halten.

Schulung des Gleichgewichts und der Stabilisation

Übungen für das Gleichgewicht

Mechanisch wird zwischen einem statischen und einem dynamischen Gleichgewicht unterschieden (BERGMANN-SCHÄFER 1974). Befindet sich ein Körper im Zustand der Ruhe oder der gleichförmigen Bewegung, d.h. die Summe der einwirkenden Kräfte ist Null, so befindet er sich im statischen Gleichgewicht. Erfährt das System hingegen Beschleunigungen, so befindet es sich im dynamischen Gleichgewicht. Hierbei besteht ein Gleichgewicht zwischen den beschleunigenden und den Trägheitskräften.

Übertragen auf den Sprint bzw. Lauf befindet sich zwar der ganze Körper des Sportlers während des Laufs in einem dynamischen Gleichgewicht, betrachten wir jedoch einzelne Gelenke, so ist ein ständiger Wechsel zwischen statischem und dynamischem Gleichgewicht zu beobachten. Da das statische Gleichgewicht in physikalischem Sinne beim lebenden Menschen aufgrund zahlreicher interner Schwankungen (Pulsschlag, Blutzirkulation etc.) nicht zu beobachten ist, wird hier auch von einem quasistatischen Gleichgewicht gesprochen (FETZ 1987). Das ständige Wechselspiel zwischen dynamischen und statischen Elementen ist eine Voraussetzung für die Impulsübertragung der Stütz- und Schwungelemente auf den Restkörper. Während die dynamische Komponente primärer Bestandteil der Koordinationsübungen ist, hat die Gymnastik überwiegend den quasistatischen Anteil zum Gegenstand. Im Sinne einer funktionellen und trainingsökonomischen Vorgehensweise wird dabei das Wechselspiel zwischen statischem und dynamischem Gleichgewicht auf Stand- und Spielbeinaufgaben übertragen. Hierbei übernimmt das Standbein die Stützbeinfunktion und das Spielbein die Funktion des Schwungbeins beim Sprint. Durch diesen Funktionstransfer kann die Muskulatur sprintspezifisch nach dem Prinzip der diagonalen Koordination trainiert werden. Je nach Bewegungsrichtung und Dynamik der Schwungbeinbewegung können im komplexen Zusammenspiel der Muskulatur die Belastungen der Rumpf- und Standbeinmuskulatur variiert werden. Durch die unterschiedlichen Schwungrichtungen werden zusätzlich Muskelgruppen trainiert, deren Schwäche meist zu unbewußten Ausweichbewegungen und Fehlbelastungen führen. Eine Intensivierung der Belastung ist ferner durch Änderung der Hebellängen bei unterschiedlichen Gelenkstellungen des Standbeins sowie durch unterschiedliche Rumpf- und Armhaltungen zu erzielen.

Die Übungen zur Schulung des Gleichgewichts können in kleinem Umfang im Rahmen des Aufwärmens und bei größerem Ausmaß als eigenständiges Trainingsmittel Verwendung finden.

Einbeinstand,
Sprintschritt im Stand
simulieren.
Variation:
mit geschlossenen
Augen.

Einbeinstand, mit dem
Schwungbein Achten
beschreiben (auch mit
geschlossenen Augen).

Einbeinstand,
Schwungbein hinter dem Standbein soweit wie möglich auf die gegenüberliegende Seite führen. Von hier aus das Schwungbein über die Seite vor dem Standbein zur gleichen Stelle schwingen. Das Gleiche in umgekehrter Richtung und mit geschlossenen Augen.

Aus der «Kauerstellung» werden Rumpf und beide Arme horizontal nach vorne geführt und abwechselnd das linke und rechte Bein horizontal nach hinten.
In fortgeschrittenem Stadium kann gleichzeitig das anfangs gebeugte Standbein gestreckt werden.
Zu beachten!
Arm und Bein aus dem Rumpf herausziehen, nicht überstrecken.

Ausgangsposition wie vorherige Übung. Jetzt wird jedoch nur der Rumpf nach vorne gestreckt, beide Arme und ein Bein werden hingegen horizontal zur Seite geführt.

Übungen zur Stabilisation

Die Stabilisation ist als ein Teilbereich der Gleichgewichtsschulung zu betrachten, der kaum noch dynamische Komponenten enthält. Durch Stabilisationstraining wird die Fähigkeit trainiert, einer äußeren Störung des statischen Gleichgewichts entgegenzuwirken. Beim Sprint treten Störungen durch ständig variierende äußere Kräfte auf, die durch ein komplexes Wechselspiel der Muskulatur kompensiert werden müssen. Eine zentrale Rolle kommt dabei dem Rumpf-Becken-Bereich zu, da hier der Impulsübertrag von den Armen und dem Schwungbein auf das Stützbein stattfindet. Durch die relativ statische Beanspruchung der Rumpfmuskulatur beim Sprint wird häufig ihre bedeutende Funktion übersehen. Oft werden sehr hohe Kraftwerte bei Kniebeugen und im Bankdrücken erzielt, die Rumpfmuskulatur jedoch wird vernachlässigt. Kommen die trainierten Muskelkräfte der Arme und Beine beim Sprinten dann zum Einsatz, leidet in den meisten Fällen der Bereich um die Lendenwirbelsäule, oder der Lauf wird sehr ‹steif›, um diesen Bereich zu schonen. Wesentlich ist nicht nur die Höhe der Belastung, sondern vor allem die Art. Während des Sprintens und Laufens findet die Belastung der Rumpf- und Beckenmuskulatur nie beidseitig symmetrisch statt, sondern stets diagonal. Auch die Belastung der Arme und Beine erfolgt beim Sprint bzw. Lauf diagonal: Das linke Bein bewegt sich mit dem rechten Arm nach vorne, und das rechte Bein bewegt sich mit dem linken Arm nach hinten.

Entsprechend dem Prinzip der diagonalen Koordination und der Größe der Belastung sind die Übungen zur Stabilisation im Vergleich zu den bisherigen Übungen noch intensiver gestaltet. Da die Belastungen der Rumpfmuskulatur beim Sport im allgemeinen um ein Vielfaches größer sind als bei Alltagsbewegungen, gehen die Intensitäten absichtlich über die der Krankengymnastik hinaus.

Die stabilisierende Haltekraft der Rumpfmuskulatur wird durch einen hohen Anteil an isometrischen Übungen verbessert. Diese werden jedoch in Verbindung bzw. im Wechsel mit dynamischen Elementen angewandt. Die Dauer der Übungsausführung erfolgt über eine maximale Anspannung der Muskulatur von 6 bis 8 Sekunden in den jeweils zentralen Grundpositionen bei definierten Gelenkwinkeln. Bei der Ausführung ist besonders auf die gleichmäßige Atmung zu achten (Preßatmung vermeiden). Diese Übungen mit hohem isometrischem Anteil erfordern nach jeder Bewegungssequenz eine intensive Auflockerung und Entspannung.

Ausgangsposition: Tiefe Hocke, ein Bein zur Seite abgewinkelt, das andere gestreckt nach vorne.

Oberkörper zum gestreckten Bein drehen, mit den Armen abstützen und gebeugtes Knie über der Fußspitze belassen.

Mit dem rechten Arm von außen an das Sprunggelenk des gestreckten Beins greifen.

Den Oberkörper mit dem Arm zum gestreckten Bein ziehen (Bauch auf den Oberschenkel drücken).

Den geraden (aufgerichteten) Oberkörper (die Schulter) in Richtung des gestreckten Beins drehen.

Ausgangsposition: Überkreuzschritt frontal in die einbeinige tiefe Hocke (Dehnung der Abduktoren), mit den Händen abstützen.

Durch unterschiedlich starken Druck des gestreckten Beins gegen den Boden die Hüfte auf- und abbewegen.

Mit den Händen abstützen und das gestreckte Bein anheben.

Aus dieser Position kann das angehobene Bein auch im Kreis nach hinten, zur anderen Seite und wieder zurück geführt werden.

Oberkörper drehen und Schulterachse parallel in Richtung Boden bewegen.

Gebeugtes Bein anheben und nach vorne strecken.

Variation:
a) nach oben öffnen
b) nach oben öffnen und strecken
c) zu Anfang können die Übungen auf dem Ellbogen durchgeführt werden.

Ausgangsposition: Liegestütz vorwärts auf den Ellbogen.

Ein Bein anheben.

Knie des angehobenen Beins
an der Seite zur Schulter führen.

Linken Arm und rechtes Bein
(diagonal) vom Boden lösen.

Variation:
a) mit breiterer Arm- und Bein-
position,
b) mit gestreckten Armen auf den
Händen abstützen.

Ausgangsposition: Liegestütz rückwärts (auch auf den Ellbogen möglich).

Ein Bein anheben.

Knie zur Brust führen.

Knie des angehobenen Beins an der Seite zur Schulter führen.

Linken Arm und rechtes Bein (diagonal) vom Boden lösen (s. Foto).

Variationen:
a) mit breiterer Arm- und Beinposition,
b) mit gestreckten Armen auf den Händen abstützen.

Ausgangsposition: Bankstellung rückwärts.

Beide Knie geschlossen auf eine Seite bewegen.

Ein Bein strecken (Oberschenkel bleiben auf gleicher Höhe).

Ein Bein angewinkelt nach oben führen.

Ein Bein gestreckt nach oben führen.

Ein Bein angewinkelt zur Seite (s. Foto).

Ein Bein gestreckt zur Seite.

Linken Arm und rechtes Bein (diagonal) vom Boden lösen.

- Bei allen Übungen darauf achten, daß Hüfte stets in gleicher Höhe wie das stützende Knie ist.

Zur Kräftigung der unteren Rücken-, der Gesäß- und rückseitigen Oberschenkelmuskulatur (akive Beweglichkeit): Bein gestreckt nach oben halten und in dieser Position die Hüfte mehrmals auf- und abbewegen.

Ausgangsposition: Seitliegestütz

Im Seitliegestütz nach hinten und nach vorne drehen.

Bewegungskombinationen

Ziel der Bewegungskombinationen ist die Bewußtmachung des muskulären Zusammenspiels (Koordination). Durch die Verbindung von Übungen wird das Bewegungsrepertoire im Bereich des Laufs und Sprints erweitert und die eigentliche Sprintbewegung noch stabiler gegen Störeinflüsse. Durch die Erweiterung der Bewegungserfahrung wird auch der Bewegungssinn im Hinblick auf eine objektive Raum-, Zeit- und Spannungswahrnehmung geschult. Durch die Schulung der kinästhetischen Wahrnehmung wird die Bewegungsempfindung sensibilisiert und der Körper reaktionsschneller, was dazu führt, daß Eigenbewegungen immer genauer kontrolliert und koordiniert werden können.
Eine wesentliche Funktion bei der Bewegungskombination hat die Bewegungsantizipation und das Bewegungsgedächtnis. Beides sind mentale Prozesse, die auf Bewegungserfahrung bzw. bereits erlernten Bewegungsmustern basieren und die Konzentrationsfähigkeit des Sportlers unter körperlicher Belastung fördern.
Eine Möglichkeit, Bewegungskombinationen zu strukturieren, bildet die Gliederung nach Muskelsynergiezonen. Grundlage für die Bewegungskombinationen sind daher Übungen, bei denen der funktionelle Aspekt im Vordergrund steht.
Die aufgeführten Übungen stellen Kombinationen mit vorgegebenen Grundbewegungen dar, die sowohl erlernt und gefestigt werden können als auch durch eigenständige Variationen in Raum und Zeit zu variieren sind. Die Bandbreite der Variationen kann dabei von der Wiederholung einer Einzelbewegung bis zu einem längeren Bewegungsablauf reichen. Schwerpunkt bei den Bewegungskombinationen ist wieder das Prinzip der diagonalen Koordination.

Bewegungskombination 1

Ausgangsposition:
Aufrecht stehen, Füße hüftbreit auseinander.

Rechter Arm zieht über den Kopf diagonal aus dem Körper auf die Gegenseite.

Den Oberkörper in die diagonale Position nach vorne beugen, einen Arm vorstrecken.

Zur Verstärkung wird der zweite Arm mit nach vorn über den Kopf geführt.

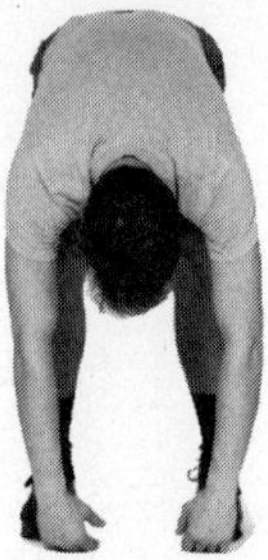

Entspannte Kauerstellung in Mittelposition.

Oberkörper gerade nach vorn strecken und die Arme zur Seite führen.

Arme langsam nach vorn über den Kopf führen.

Über die entspannte Kauerstellung in Mittelposition Oberkörper Wirbel für Wirbel aufrichten. Arme hängen locker nach unten.

Wiederholung der Bewegungsfolge mit dem linken Arm über Kopf zur Gegenseite.

Bewegungskombination 2

Ausgangsposition:
Im Einbeinstand (Standbein gebeugt) das Knie des Schwungbeins mit beiden Händen zur Brust ziehen.

Mit geradem Rücken das Standbein strecken und dabei das Knie des Schwungbeins nahe beim Oberkörper halten. Diese Position ein paar Sekunden halten.

Standbein wieder beugen und Schwungbein nach vorne strecken (zur Stabilisierung der Haltung können Arme zur Seite gehalten werden).

Schwungbein wieder beugen und zur Seite führen.

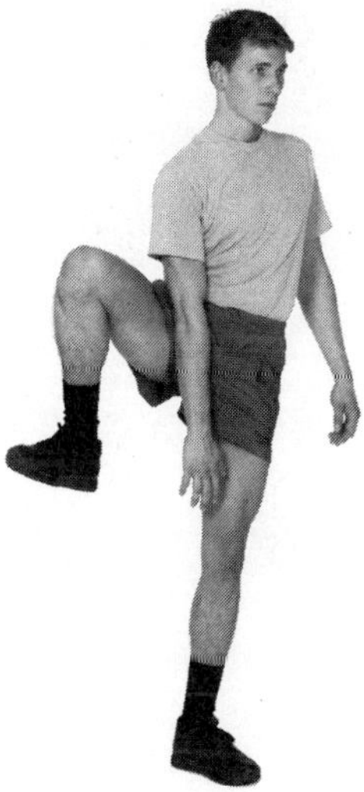

Schwungbein anfersen und den Fuß mit beiden Händen festhalten.

Oberkörper nach vorne beugen und das Knie des Schwungbeins nach hinten oben führen.

Mit den Händen auf dem Boden abstützen, in den Zehenstand gehen und die Ferse des Schwungbeins so hoch wie möglich vom Körper wegschieben.

Aus dem Zehenstand Ferse wieder absenken und das Schwungbein noch weiter vom Körper wegschieben.

Schwungbein anstellen und das Standbein wechseln. Aufrichten zum Stand und Wiederholung der Bewegungsfolge zur anderen Seite.

Bewegungskombination 3

Ausgangsposition:
Sitzend, beide Unterschenkel angewinkelt, Knie 90 Grad, Arme gestreckt über den Kopf führen.

Geraden Oberkörper in Richtung des äußeren Knies führen. Bei 45 Grad anhalten, dabei das seitlich gebeugte Bein vom Boden lösen.
(Je nach Könnensstand Arme zur Seite, hinter dem Kopf oder über dem Kopf.)

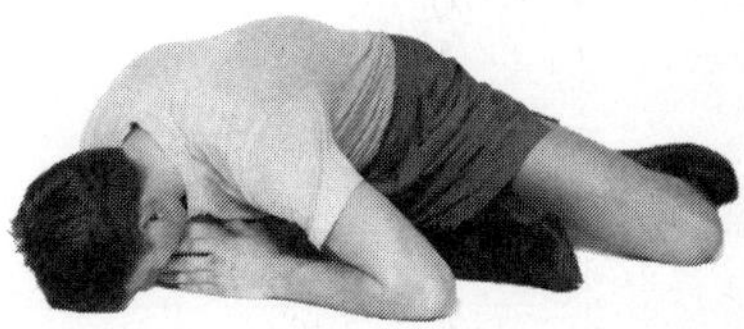

Oberkörper mit entspanntem Rücken auf dem Oberschenkel ablegen. Hände umfassen das vordere Knie.

Die Wirbelsäule aus der entspannten Position heraus strecken und den Rücken gerade halten. Dabei das seitlich gebeugte Bein vom Boden lösen und die Arme zur Seite führen.

Oberkörper auf 45 Grad anheben, Hände hinter den Kopf und Oberkörper mit geradem Rücken nach vorne drehen.

Hinteres Bein nach vorne führen und strecken.

Oberkörper vollständig aufrichten, beide Beine anheben und auf der anderen Seite wieder ablegen.

Bewegungskombination auf der anderen Seite durchführen.

Variationsvorschlag:
Nachdem der Oberkörper auf dem Oberschenkel abgelegt ist, geraden Oberkörper nach vorne drehen, einen Arm über den Kopf zur Gegenseite führen und den anderen Arm zur vorderen Fußspitze.

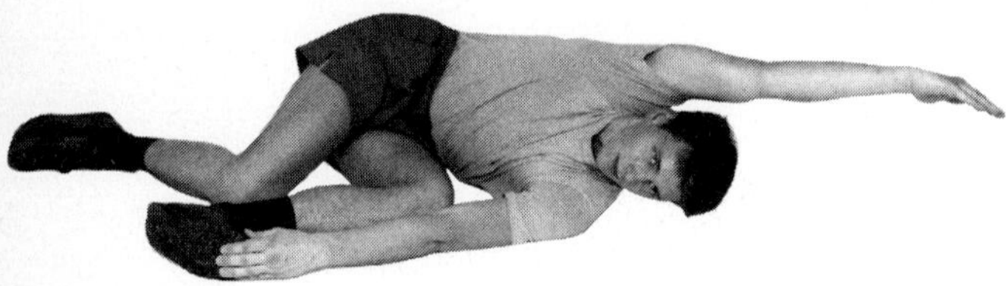

Oberkörper langsam nach hinten ablegen, beide Arme zur Seite, und den oberen Fuß zur gegenseitigen Hand führen. Dehnung durch die Hand verstärken.

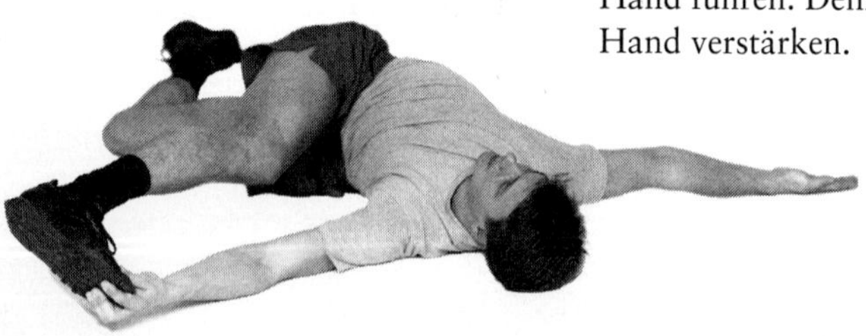

Fuß festhalten und gegen den Widerstand der Hand versuchen, das Bein nach oben zu heben bzw. in Richtung Ferse zu drücken.

Fuß loslassen und das obere Bein ganz langsam und nur ein wenig anheben und wieder senken.

Schwierigere Variante:
Den Unterschenkel des gebeugten Beins stärker gegen die Unterstützungsfläche drücken, bis das Becken vom Boden abhebt.

Trainings-
programme

Trainingspläne dienen allgemein zur kurz-, mittel- und langfristigen Systematisierung eines Trainings unter Berücksichtigung einer Reihe von zahlreichen Trainingsprinzipien. Für das Sprint- und Lauftraining in Einzel- und Mannschaftssportarten sind dabei folgende Prinzipien von größerer Bedeutung (vgl. LETZELTER 1978):

- das Prinzip der optimalen Relation von Belastung und Erholung (Superkompensation),
- das Prinzip der zunehmenden Belastung,
- das Prinzip des langfristigen Trainingsaufbaus,
- das Prinzip der Variation von Trainingsinhalten, -methoden und Belastungsnormativen,
- das Prinzip der Individualität,
- das Prinzip der Entwicklungsgemäßheit,
- das Prinzip der Dauerhaftigkeit.

Diese Prinzipien bilden im wesentlichen die Grundlage für die folgenden Trainingspläne, die Beispiele für den methodischen Aufbau eines Sprinttrainings im Anfänger- und im Fortgeschrittenenbereich darstellen. Dabei handelt es sich in beiden Fällen um acht detailliert ausgeführte Trainingseinheiten, die nach einem 20minütigen Aufwärmen, vor dem Haupttrainingsinhalt, eingegliedert werden sollten. Die Trainingspläne für Fortgeschrittene bauen auf denen für Anfänger auf. Da es sich bei der Koordinationsarbeit um zentralnervös belastende Übungen handelt, sollten sie, falls nicht speziell angegeben, zur längeren Erholung mit einem Zurückgehen ausgeführt werden. Zur Festigung der Übungen können einzelne Trainingseinheiten bei Bedarf wiederholt werden, dabei sollte jedoch ein Mindestabstand von zwei Tagen eingehalten werden. Bezüglich einer Wochenplanung sind zwei Trainingseinheiten pro Woche, im Abstand von drei Tagen, zu empfehlen. Bei dieser Traniningsfrequenz entsprechen die Pläne jeweils einem Zyklus von vier Wochen und bieten sich vor allem in Spielsportarten und in der Leichtathletik in der Vorbereitungsphase an, um die Bewegungsmuster bis zur Wettkampfphase einigermaßen zu stabilisieren. In der Wett-

kampfphase der Spielsportarten können die Umfänge reduziert werden. Im wesentlichen sollten die Koordinationsübungen jedoch beibehalten werden.
Die konditionelle und koordinative Belastung ist über alle Trainingseinheiten zunehmend und kann nach individuellen Defiziten, durch längere Strecken, mehr Wiederholungen oder mehr Sprünge, gesteigert werden.
Um vor allem im Schülerbereich das Koordinationstraining ‹interessanter› zu gestalten, bieten sich die Übungen innerhalb von Spielformen an. Bei Fangspielen darf man sich dann z.B. nur noch mit aktiver Fußgelenksarbeit oder mit Anfersen fortbewegen.

Training für den Anfänger

Verwendete Abkürzungen
oA – ohne Armarbeit (= Arme hängen) / *mA* – mit Armarbeit / *AüK* – Arme über Kopf / *AvKö* – Arme vor dem Körper / *AzS* – Arme zur Seite
AFG – Aktive Fußgelenksarbeit / *FGD* – Fußgelenksarbeit auf Druck / *ANF* – Anfersen / *KH* – Kniehub / *STMPL* – Stampflauf / *HPL* – Hopserlauf

1. Trainingseinheit

Übung	Umfang
Aktive Fußgelenksarbeit nur rechts	2 × 20 m
Aktive Fußgelenksarbeit nur links	2 × 20 m
AFG 5 × li – 5 × re	2 × 20 m
AFG beide	2 × 20 m
Fußgelenksarbeit auf Druck nur rechts	2 × 20 m
Fußgelenksarbeit auf Druck nur links	2 × 20 m
FGD 5 × li – 5 × re	2 × 20 m
FGD beide	2 × 20 m
5 × FGD – 5 × AFG	2 × 20 m
Anfersen	2 × 20 m
Anfersen 3 × re – 3 × li, Arme zur Seite, Handflächen nach oben	2 × 20 m
Kniehub jeden 2. Schritt li – jeden 2. Schritt re	2 × 20 m
Kniehub 3 × re – 3 × li	2 × 20 m
Druckablauf	3 × 15 m
Zugablauf	3 × 15 m
Kniehebegehen	2 × 30 m
Kniehebegehen mit Unterschenkel auskicken	2 × 30 m

2. Trainingseinheit

Übung	Umfang
Aktive Fußgelenksarbeit 5×re – 5×li	2×15 m
AFG 3×re – 3×li	2×15 m
AFG beide, oA	2×15 m
AFG beide, 5×oA – 5×mA	2×15 m
AFG beide, mA	2×15 m
Fußgelenksarbeit auf Druck 5×re – 5×li	2×15 m
FGD 3×li – 3×re	2×15 m
FGD beide, oA	2×15 m
FGD beide, 5×oA – 5×mA	2×15 m
FGD beide, mA	2×15 m
5×FGD – 5×AFG, oA	2×15 m
3×FGD – 3×AFG, oA	2×15 m
Anfersen 3×re – 3×li, oA	2×15 m
ANF beide, mA	2×15 m
Kniehebelauf jeden 2. li, mA	2×20 m
KH jeden 2. re, mA	2×20 m
5 KH – 5 AFG, mA	2×20 m
5 KH – 5 ANF, mA	2×20 m
Startsprung aus Kauerstart mit 3 Schritten	5× – abwechselnd li bzw. re Bein vorne
Druckablauf	3×20 m

3. Trainingseinheit

Übung	Umfang
Aktive Fußgelenksarbeit, beide oA	2 × 20 m
AFG 5 × oA – 3 × mA	2 × 20 m
Fußgelenksarbeit auf Druck, beide oA	2 × 20 m
FGD 5 × oA – 5 × mA	2 × 20 m
5 × FGD oA – 5 × AFG mA	3 × 20 m
5 × FGD mA – 5 × AFG mA	3 × 20 m
Anfersen mA, 2 × li – 2 × re	3 × 20 m
Anfersen beide, 3 × mA – 3 × oA	3 × 20 m
5 × FGD – 5 × ANF, 5 × AFG mA	2 Zyklen
Kniehebelauf nur re	1 × 20 m
KH nur li	1 × 20 m
KH 3 × re – 3 × li	3 Zyklen
5 × KH mA – 5 × ANF oA	3 Zyklen
Druckablauf – Zugablauf	je 2 × 20 m
Kniehebegehen – Kniehebegehen mit Auskicken	je 2 × 30 m

4. Trainingseinheit

Übung	Umfang
Fußgelenksarbeit auf Druck oA	2 × 20 m
FGD, AüK	2 × 20 m
FGD, 5 × AüK – 5 × mA	2 × 20 m
Aktive Fußgelenksarbeit oA	2 × 20 m
AFG, AüK	2 × 20 m
AFG, 5 × AüK – 5 × mA	2 × 20 m
Anfersen, AüK	2 × 20 m
Anfersen, 5 × AüK – 5 × mA	2 × 20 m
Kniehebelauf nur re, AüK	2 × 20 m
KH nur li, AüK	2 × 20 m
KH 3 × re – 1 × li – 3 × re – 3 × li – 1 × re – 3 × li, mA	2 Zyklen
5 × KH mA – 5 × AFG mA	2 Zyklen
5 × KH mA – 5 × AFG mA –5 × FGD mA	2 Zyklen
Beidbeinige aktive Fußgelenkssprünge	3 × 15 m
Steigerungslauf	3 × 50 m

5. Trainingseinheit

Übung	Umfang
Fußgelenksarbeit auf Druck, mA	1 × 20 m
Aktive Fußgelenksarbeit auf Druck, mA	1 × 20 m
FGD re – AFG li	2 × 20 m
FDG li – AFG re	2 × 20 m
AFG-Lauf li/re 5 × AFG-Sprünge li/re – 5 ×, mA	2 × 3 Zyklen
3 × AFG mA – 3 × FGD oA	2 × 4 Zyklen
3 × AFG oA – 3 × FGD mA	2 × 4 Zyklen
Anfersen mA	1 × 20 m
Kniehub jeden 2. Schritt li – jeden 2. Schritt re	1 × 30 m
li 3 × ANF – 3 × KH (direkter Wechsel- ohne Zwischenschritt)	2 × 20 m
re 3 × ANF – 3 × KH (direkter Wechsel- ohne Zwischenschritt)	2 × 20 m
li ANF – KH	2 × 20 m
re ANF – KH	2 × 20 m
li ANF – re KH	2 × 20 m
re ANF – li KH	2 × 20 m
Kniehebegehen	3 × 20 m
Druckablauf	3 × 20 m
Zugablauf	3 × 20 m
beidbeinige aktive Fußgelenkssprünge	4 × 15 m

6. Trainingseinheit

Übung	Umfang
re 3 × FGD – 3 × AFG, mA	2 × 20 m
li 3 × FGD – 3 × AFG, mA	2 × 20 m
AFG 5 × auf Frequenz – 5 × kontrolliert	2 × 20 m
5 × FGD oA – 5 × AFG mA auf Frequenz	3 × 20 m
aus AFG-Lauf flache AFG-Sprünge li/re abwechselnd (kurze Kontaktzeiten)	2 × 20 m
AFG-Sprünge, etwas länger, jedoch genauso flach	2 × 20 m
li Anfersen – Kniehub	2 × 20 m
re ANF – KH	2 × 20 m
li ANF-KH-ANF-KH, re ANF-KH-ANF-KH	3 Zyklen
Druckabläufe	2 × 20 m
Starts aus unterschiedlichen Positionen (auf Kommando)	5 × 20 m
Kniehebegehen	3 × 30 m
Kniehebegehen mit Auskicken	3 × 30 m

7. Trainingseinheit

Übung	Umfang
Fußgelenksarbeit auf Druck 5 × mA – 5 × AüK	3 × 20 m
Aktive Fußgelenksarbeit 5 × mA – 5 × AüK	3 × 20 m
5 × FGD AüK – 5 × AFG mA	3 × 20 m
5 × AFG AüK – 5 × FGD mA	3 × 20 m
3 × FGD mA – 3 × AFG mA	2 × 20 m
3 × FGD mA – 3 × AFG mA – 5 × Anfersen mA	2 × 20 m
Hopserlauf (HPL) mit AFG re betonen (Armschwung diagonal)	2 × 20 m
HPL mit AFG li betonen (Armschwung diagonal)	2 × 20 m
HPL mit greifendem aktivem Fußgelenk (lange Hopser)	2 × 30 m
HPL mit greifendem aktivem Fußgelenk (Armschwung parallel = Doppelarmschwung)	2 × 30 m
Kniehebelauf re 3 × re – 3 × li mA	2 × 20 m
Stampflauf re	2 × 10 m
STMPL li	2 × 10 m
Startsprung aus Kauerstellung nach vorne über ‹Graben›	2 × li vorne 2 × re vorne
Startsprung aus Kauerstellung mit 5 Ablaufschritten auf Druck	2 × freie Wahl des vorderen Fußes
Druckablauf mit Steigerung	3 × 50 m (bzw. Hallendiagonale)

8. Trainingseinheit

Übung	Umfang
Hopserlauf (HPL) – Armschwung diagonal	1 × 20 m
HPL – Armschwung parallel	1 × 20 m
HPL mit aktiver Fußgelenksarbeit – nur leichter Kniehub	2 × 20 m
HPL mit AFG auf Länge	1 × 20 m
HPL mit AFG auf Höhe	1 × 20 m
HPL 5 × auf Höhe – 5 × auf Länge	2 × 20 m
Fußgelenkslauf auf Druck AvKö	1 × 20 m
FGD 5 × AvKö – 5 × mA	1 × 20 m
FGD 5 × AvKö – 5 × mA – 5 × AüK	2 × 20 m
Anfersen 5 × AvK – 5 × mA – 5 × AüK	2 × 20 m
Kniehebelauf jeden 2. re (Kniehub nach vorne betonen)	2 × 20 m
Kniehebelauf jeden 2. li (Kniehub nach vorne betonen)	2 × 20 m
ANF mA (Oberkörper waagerecht)	2 × 20 m
KH mA (Oberkörper waagerecht)	2 × 20 m
Zugablauf (Oberkörper mit übertriebener Vorlage)	2 × 20 m
Druckablauf (Oberkörper mit übertriebener Vorlage)	2 × 20 m
Steigerungslauf	3 × 50 m (bzw. Hallendiagonale)

Training für Fortgeschrittene

1. Trainingseinheit (F)

Übung	Umfang
Fußgelenksarbeit auf Druck, 5 × AüK – 5 × mA	3 × 40 m
Aktive Fußgelenksarbeit, 5 × AüK – 5 × mA	3 × 40 m
5 × FGD oA – 5 × AFG mA	3 × 40 m
Kniehebelauf jeden 2. re – jeden 2. li	1 × 40 m
Anfersen 3 × re – 3 × li (Arme zur Seite)	2 × 40 m
ANF – KH	je Bein 1 × 40 m
li ANF – KH – ANF – KH, re ANF – KH – ANF – KH	3 × 5 Zyklen
Druckablauf (70–80 %)	3 × 30 m
Zugablauf (70–80 %)	3 × 30 m
Reaktionsstarts aus unterschiedlichen Positionen	5 × 20 m
‹Fliegende Sprints› (d. h. Ablauf mit 10 m Anlauf)	3 × 30 m
Kniehebegehen	3 × 50 m

2. Trainingseinheit (F)

Übung	Umfang
Fußgelenksarbeit auf Druck, oA	3 × 40 m
Aktive Fußgelenksarbeit 5 × mA – 5 × oA	3 × 40 m
Anfersen mit horizontalem Oberkörper mA	3 × 20 m
Kniehebelauf 3 × re – 3 × li	2 × 20 m
Kniehebelauf 3 × re – 1 × li, 3 × re – 3 × li, 1 × re – 3 × li	2 × 20 m
Druckablauf (70–80%)	2 × 30 m
Startsprung (mit horizontalem Oberkörper und Armeinsatz)	3 × je Bein vorne
AFG-Sprünge	2 × 20 m
Startsprung – erster Schritt auch als Sprung	3 × je Bein vorne
Stampflauf	1 × 15 m je Bein
Startsprung mit aktivem erstem Schritt	3 × je Bein vorne
Sprints	2 × 20 m, 1 × 30 m 1 × 40 m, 2 × 20 m

3. Trainingseinheit (F)

Übung	Umfang
3 × re AFG – 3 × re FGD – 3 × li AFG – 3 × li FGD	2 × 2 Zyklen
AFG beide, mA, 5 × kontrolliert – 5 × auf Frequenz	3 × 30 m
5 × AFG oA – 5 × FGD mA	3 × 30 m
5 × AFG oA kontrolliert– 5 × FGD mA auf Frequenz	3 × 40 m
3 × AFG – 3 × FGD –3 × Anfersen	2 × 40 m
5 × AFG – 5 × FGD –5 × ANF – 5 × Kniehebelauf	2 × 3 Zyklen
AFG-Sprünge li-re abwechselnd	2 × 20 m
AFG-Sprünge li-li-re-re	2 × 20 m
AFG-Sprünge mit greifender Unterschenkelbewegung	2 × 20 m
Anfersen mit horizontalem Oberkörper	2 × 40 m
Kniehebelauf mit horizontalem Oberkörper	2 × 40 m
Reaktionsstarts aus unterschiedlichen Positionen	6
Kniehebegehen	3 × 30 m
Kniehebegehen mit Unterschenkel auskicken	3 × 30 m
Kniehebe-Hopser li-li-re-re	3 × 30 m
Kniehebe-Hopser mit Unterschenkel auskicken	3 × 30 m

4. Trainingseinheit (F)

Übung	Umfang
Aktive Fußgelenksarbeit 5 × oA – 5 × AüK – 5 × AzS	2 × 40 m
Fußgelenksarbeit auf Druck 5 × oA – 5 × AüK – 5 × AzS	2 × 40 m
Anfersen 2 × li – 2 × re	20 m
Kniehebelauf re	20 m
KH li	20 m
5 × AFG – 5 × KH	3 × 40 m
Druckablauf	2 × 30 m
Startsprung + Druckablauf	3 × 40 m
10 Ausfallschritte – 30 m Zugablauf – 30 m Druckablauf	3 ×

5. Trainingseinheit (F)

Übung	Umfang
Fußgelenksarbeit auf Druck	2 × 40 m
Aktive Fußgelenksarbeit	2 × 40 m
Anfersen	2 × 40 m
Kniehebelauf jeden 2. re, jeden 2. li	2 × 40 m
5 × ANF oA – 5 × KH mA	2 × 40 m
ANF mit horizontalem Oberkörper	2 × 40 m
KH mit horizontalem Oberkörper	2 × 40 m
Startsprung mit Druckablauf	3 × 30 m
15-m-Zugablauf – 10-m-Kniehebelauf	4 × (Pausen 3–5 min)
Steigerungen	5 × 60 m
40 m Kniehebelauf – 30 m Schrittsprünge	3 ×

6. Trainingseinheit (F)

Übung	Umfang
Hopserlauf	1 × 40 m
HPL mit aktivem Fußgelenk auf Höhe	2 × 40 m
HPL mit AFG auf Länge	2 × 40 m
HPL mit AFG 5 × auf Höhe – 5 × auf Länge	2 × 40 m
Anfersen 3 × li – 3 × re	2 × 40 m
Kniehebelauf re	1 × 30 m
Kniehebelauf li	1 × 30 m
li ANF-KH-ANF-KH, re ANF-KH-ANF-KH, mA	3 × 4 Zyklen
3 × KH re – 1 × ANF li – 3 × KH re – 3 × KH li – 1 × ANF re – 3 × KH li	3 × 4 Zyklen
Zugabläufe	3 × 30 m
‹Fliegende Sprints› (aus der Bewegung – z. B. 10-m-Anlauf)	30 m – 60 m – 30 m – 60 m – 30 m

7. Trainingseinheit (F)

Übung	Umfang
Aktiver Fußgelenkslauf	2 × 40 m
Fußgelenkslauf auf Druck	2 × 40 m
li AFG – re FGD	2 × 40 m
li FGD – re AFG	2 × 40 m
li Anfersen – re AFG	2 × 40 m
re ANF – li AFG	2 × 40 m
li Kniehebelauf – re AFG	2 × 40 m
re Kniehebelauf – li AFG	2 × 40 m
li KH – re ANF	2 × 40 m
re KH – li ANF	2 × 40 m
Stampflauf	2 × 20 m je Bein
Druckablauf (60 %)	3 × 20 m
15-m-Druckablauf auf Frequenz – 10 m auf Schrittlänge	2 × (Pausen bis zu 5 min)
20-m-Zugablauf – 15 m KH auf Frequenz (ohne Tempoverlust)	3 × (Pausen bis zu 5 min)
Kniehebegehen	2 × 40 m
Startablauf aus Kauerposition (90 %)	2 × 30 m
Ausfallschritte	10
Startablauf aus dem Stehen	2 × 20 m
Ausfallschritte	10
Zugabläufe	2 × 30 m
beidbeinige Hürdensprünge	5 × 6

8. Trainingseinheit (F)

Übung	Umfang
Fußgelenkslauf auf Druck 5 × mA – 5 × oA	3 × 40 m
Aktive Fußgelenksarbeit 5 × normal – 5 x mit gebeugtem Knie	3 × 40 m
5 × AFG mit gebeugtem Knie – 5 × FGD	3 × 40 m
5 × AFG – 5 × Kniehebelauf	3 × 3 Zyklen
KH 5 × mA – KH 5 × AüK	3 × 3 Zyklen
2 × KH re – 2 × KH li – 2 × ANF li – 2 × ANF re	3 × 4 Zyklen
Startablauf aus der Kauerposition	3 × 30 m
KH mit horizontalem Oberkörper	2 × 40 m
ANF mit horizontalem Oberkörper	2 × 40 m
Steigerung mit variabler Oberkörperhaltung	3 × 60 m
20-m-fliegender-Sprint – 10-m-KH mit max. Frequenz	3 × (Pause bis zu 5 min)
10-m-Start – 10 m locker – 10 m max. Sprint	2 × (Pause bis zu 5 min)
Einbeinsprünge	3 × 10 je Bein
Schritt- bzw. Laufsprung	3 × 10

Literaturverzeichnis

BENNETT, D./SIMMONS, R. (1984): Effects of Precision of Knowledge of Results on Acquisition and Retention of a Simple Motor Skill. In: Perceptual and Motor Skills 58, S.758–786.

BERGMANN-SCHÄFER (1974): Lehrbuch der Experimentalphysik. Bd.I: Mechanik, Akustik, Wärme. Gobrecht, H. (Hrsg.): 9. Aufl. Berlin: Walter de Gruyter.

BINZ, C./WENZEL, J. (1987): Dem Training der Antrittsschnelligkeit mehr Beachtung schenken! In: Fußballtraining 8, S. 3–9.

CZIHAK, G./LANGER, H./ZIEGLER, H. (1984) (Hrsg.): Biologie. Berlin: Springer.

DAUGS, R./BLISCHKE, K./OLIVIER, N./MARSCHALL, F. (1989): Beiträge zum visuomotorischen Lernen im Sport. Schorndorf: Hoffmann.

DE MAREES, H. (1987): Sportphysiologie. Köln: Troponwerke.

EKBLOM, B. (1986): Applied physiology of soccer. In: Sports Medicine 3. S. 50–100.

ENGELKAMP, J. (1990): Das menschliche Gedächtnis. Göttingen: Verlag für Psychologie – Dr.c.j. Hogrefe.

FASSMANN, R. (1979): Über den Zusammenhang zwischen Bewegungsbeobachtung und biomechanischer Bewegungsbeschreibung. Frankfurt a.M.: unveröffentlichte Examensarbeit.

FETZ, F. (1987): Sensomotorisches Gleichgewicht im Sport. Wien: Österreichischer Bundesverlag.

FLECHTNER, H.-J. (1979): Das Gedächtnis. Stuttgart: Hirzel.

GERTHSEN, C./KNESER, H.O./VOGEL, H. (1989): Physik. 16. Auflg. Berlin: Springer.

GORDEN, A.M./HUXLEY, A.F./JULIAN, F.J. (1966): The variation in isometric tension with sarcomere length in vertebrate muscle fibres. In: Journal of Physiology (Lond.) 184, S.170–192.

GUTTMANN, G. (1982): Lehrbuch der Neuropsychologie. Bern: Hans Huber.

HEFTI, F./MORSCHER, E. (1985): Die Belastbarkeit des wachsenden Bewegungsapparates. Schweiz. Ztschr. Sportmed 33. S.77–84.

HOLLMANN, W./HETTINGER, T. (1980): Sportmedizin – Arbeits- und Trainingsgrundlagen. Stuttgart 1980 2. Auflg.

HAKEN, H. (1983): Synergetics. Berlin: Springer.

HOTZ, A./WEINECK, J. (1988): Optimales Bewegungslernen. Erlangen: Perimed.

KANDEL, E.R./SCHWARTZ, J.H./JESSEL, T.M. (1991): Principles of neural science. 3rd ed. Englewood Cliffs. NJ Prentice Hall.

KEIDEL, W.D. (1989): Biokybernetik des Menschen. Darmstadt: Wiss. Buchges.

KNEBEL, K.-P. (1985): Funktionsgymnastik. Reinbek: Rowohlt.

KOMI, P.V. (1973a): Relationship between Muscle Tension, EMG, and velocity of contraction under concentric and eccentric work. In: Desmedt, J.E (Ed): New Developments in Electromyography and clinical Neurophysiology. Basel: Karger. S. 596–606.

KOMI, P.V. (1973b): Measurement of the force-velocity relationship in human muscle under concentric and eccentric contractions. In: Medicine and Sport, Vol. 8 Biomechanics III, Basel: Karger. S. 224–229.

KOMI, P.V./KANEKO, M./AURA, O. (1987): EMG activity of the leg extensor muscles with special reference to mechanical efficiency in concentric and eccentric exercise. In: International Journal of Sports Medicine 8, S. 22–29 Suppl.

Komi, P.V./Bosco, C. (1978): Utilization of stored elastic energy in the leg extensor muscles by men and women. In: Medicine and Science in Sport Exercise 10. S. 261–265

Kornhuber, H.H. (1978): Blickmotorik. In: Gauer, O. H., Kramer, K., Jung, R.: Physiologie des Menschen: Sehen, Sinnesphysiologie III. München: Urban & Schwarzenberg.

Kuchenbecker, R./Zieschang, K. (1992): Belastungsanalysen im Hallenhandball und Ableitungen für die Trainingsplanung. In: Leistungssport 3, S. 31–37.

Kuhn, W. (1984): Motorisches Gedächtnis. Schorndorf: Hofmann.

Letzelter, M. (1978): Trainingsgrundlagen. Reinbek: Rowohlt.

Maffuli, N./King, J.B. (1992): Effects of physical activity on some components of the skeletal system. In: Sports Medicine 13, S. 393–407.

Marteniuk, R. (1986): Information process in movement learning: capacity and structural interference effects. In: Journal of Motor Behavior 18, S. 55–75.

Marteniuk, R./Romanow, S. (1983): Human movement organization and learning as revealed by variability of movement, use of kinematic information and Fourier analysis. In: Magill, R. (Ed.): Memory and control of action. Amsterdam: North-Holland.

Mezernich, M.M./Recanzone, G./Jenkins, W.M./Allard, T.T./Nudo, R.J. (1988): Cortical Representation Plasticity. In: Rakic, P./Singer, W.: Neurobiology of neocortex.: Wiley & Sons, S. 41–68.

Montare, A. (1988): Further learning effects of knowledge of results upon time estimation. In: Perceptual and Motor Skills 66, S. 579–588.

Montare, A. (1985): Learning effects of knowledge of results upon time estimation. In: Perceptual and Motor Skills 60, S. 817–877.

Mücke, S./Hopstein, F./Liesen, H. (1992): Laufkoordinationsschulung im Hockeytraining: eine Möglichkeit zur Verbesserung der Schnelligkeit? In: Leistungssport 4, S. 20–22.

Murch, G./Woodworth, G. (1978): Wahrnehmung. Stuttgart: Kohlhammer.

Mutch, B.J.C./Banister, E.W. (1983): Ammonia metabolism in exercise and fatigue: a review. In: Medicine and Science in Sports and exercise.15. S.41–50.

Palfai, J. (1973): Moderne Methoden im Fußballtraining. Leipzig.

Pöhlmann, R./Bernien, J. (1981): Zur psychologischen Bedeutung von unterschiedlichen Informationsfrequenzen im motorischen Lernprozeß. In: Theorie und Praxis der Körperkultur 30, S. 930–941.

Ramella, R. (1984): Effect of knowledge of results on anticipation timing by young children. In: Perceptual and Motor Skills 59, S. 519–525.

Schewe, G. (1988): Die Bewegung des Menschen. Stuttgart: Thieme.

Schöner, G. (1990): A dynamic theory of coordination of discrete movement. In: Biological Cybernetics 63, S. 257–270.

Seiler, R./Stock, A. (1994): Handbuch Psychotraining im Sport. Reinbek: Rowohlt.

Simkin, N.W./Sologub, J.B. (1974): Die Bedeutung des Zentralnervensystems für die Koordination der Bewegungen. In: Smirnow, K.M.: Sportphysiologie. Berlin: Volk und Gesundheit.

Singer, W. (1988): Ontogenetic self-organization and learning. In: McGaugh, J.L./ Weinberger, N.M./Lynch G. (eds): Brain Organization and memory: Cells, Systems and Circuits. New York: Oxford university press.

THORHAUER, H.-A. (1974): Der Einfluß von Information und Erfahrung auf dem Prozeß des motorischen Lernens. In: Theorie und Praxis der Körperkultur 23, S. 70–77.

TIDOW, G. (1983): Beobachtung und Beurteilung azyklischer Bewegungsabläufe. Ahrensburg b.Hamburg: Czwalina.

TITTEL, K. (1981): Beschreibende und funktionelle Anatomie des Menschen. Stuttgart: Gustav Fischer.

UNGERER, D. (1977): Zur Theorie des sensomotorischen Lernens. Schorndorf: Hofmann.

UPTON, A.R.M./MCCOMAS, A.J./SICA, R.E.P. (1971): Potentiation of ‹late› responses evoked in musclec during effort. In: J.Neurol. Neurosurg. Psychiatry 34, S. 699–711.

UPTON, A.R.M./RADFORD, P.F. (1975): Motoneuron excitability in elite sprinters. In: Biomechanics, Bd. V/Komi, P.V. (Ed.) Baltimore: University Park Press, S.82–87.

VON CUBE, F. (1982): Kybernetische Grundlagen des Lernens und Lehrens. Stuttgart: Klett-Cotta.

VON DER MALSBURG, C. (1987): Synaptic plasticity as basis of brain organization. In: Changeux, J.-P./Konishi, M. (Ed.): The neural and molecular bases of learning. Chichester: John Wiley & Sons.

WEBER, K./GERISCH, G. (1992): Schnelligkeitstest im Leistungsfußball. In: TW Sport + Medizin, 4, S.120–126.

WULF, G. (1994): Zur Optimierung motorischer Lernprozesse. Schorndorf: Hofmann.

ZAJAC, F.E./GORDON, M.E. (1989): Determining muscle's force and action in multiarticular movement. In: Exercise and Sport Science Reviews, S.187–230.

ZANONE, P.G./KELSO, J.A.S. (1991): Relative timing from the perspective of dynamic pattern theory: stability and instability. In: Fagard, J./Wolff, P.H.: The development of timing control and temporal organization in coordinated action. Amsterdam: North-Holland. S. 69–92.

Die Autoren

Dr. Wolfgang Schöllhorn, Jahrgang 1960, ist Diplomsportlehrer und Physiker. Zur Zeit ist er Stipendiat im Rahmen eines Habilitationsstipendiums der Deutschen Forschungsgemeinschaft (DFG) und freier Mitarbeiter der Abteilung Biomechanik am Institut für Sportwissenschaften der Universität Frankfurt. Promotion zum Dr. phil. 1990 an der Universität Frankfurt. Sein Arbeitsschwerpunkt umfaßt die Erkennung von Bewegungsmustern und ihren Veränderungen im Lernprozeß.

Seit 1985 ist er tätig in der Ausbildung von Diplom- und Lehramtsstudenten in den Fächern Leichtathletik, Biomechanik und motorisches Lernen und berät seit 1986 Trainer und Athleten in- und ausländischer Nationalmannschaften in den Disziplinen Sprint-, Wurf- und Mehrkampf. Seit 1980 trainiert er Leichtathleten nationaler und internationaler Spitzenklasse (EM- und WM-Teilnehmer).
Die im vorliegenden Buch dargestellte Sprint- und Laufschule findet seit 1990 erfolgreiche Anwendung u. a. in Fußball-Bundesligamannschaften, bei Tennisprofis, in Handball- und Basketballmannschaften sowie in Karatenationalmannschaften durch den Autor.

Peter Hurth, Jahrgang 1953, ist Diplomsportlehrer und seit 1985 Mitarbeiter beim Allgemeinen Hochschulsport der Universität Frankfurt mit den Schwerpunkten Gymnastik, allgemeine Fitness und Tanz. Er war bis 1985 wiss. Mitarbeiter am Institut für Sportwissenschaften der Univ. Frankfurt in der Abt. Sportpädagogik mit dem Arbeitsschwerpunkt Rhythmusschulung. Seine Lehrtätigkeit umfaßt die Ausbildung von Diplom- und Lehramtsstudenten in den Fächern Gymnastik und Tanz.

Dr. Luis Mendoza, Jahrgang 1959, ist wiss. Mitarbeiter in der Abt. Biomechanik am Institut für Sportwissenschaften der Universität Frankfurt. Promotion zum Dr. phil. an der gleichen Universität 1992. Sein Arbeitsschwerpunkt ist die biomechanisch gestützte Techniksteuerung. Seine Lehrtätigkeit in den Fächern Leichtathletik und Biomechanik umfaßt die Ausbildung von Diplom- und Lehramtsstudenten sowie die Durchführung von Fortbildungsveranstaltungen für Trainer und Übungsleiter im In- und Ausland. Von 1983–88 war er Nachwuchstrainer und ist seit 1988 Trainer für die Sprint- und Sprungdisziplinen. Dabei hat er mehrere nationale und internationale Spitzenathleten (Olympia- und WM-Teilnehmer) betreut.

Die Fotomodelle

O. Schulte-Mäter (Laufschule), Jahrgang 1970, ehem. deutscher Jugendmeister 200 m, JEM und JWM-Teilnehmer

C. Savoja (Sprünge), Jahrgang 1972, ehem. deutscher Jugendmeister Zehnkampf, Nationalmannschaftseinsätze.

A. Schneeweis (Gymnastik), Jahrgang 1970, ehem. deutsche Jugendmeisterin 100 m Hürden, JEM und JWM-Teilnehmer.

R. Schumacher (Gymnastikkombinationen), Jahrgang 1970, ehem. nationale Spitzenklasse der Jugend 400 m Hürden.

Alle Fotomodelle wurden oder werden vom Autor trainiert.

Die Autoren bedanken sich bei der Fa. Reebok für die Ausrüstung der Fotomodelle und bei Dr. U. Frick für die Erstellung der EMG-Abbildungen. Besonderer Dank gilt Frau Helmstedt sowie Herrn Gottwald, Herrn Lichte und Herrn Wagner für die fruchtbare und anregende Zusammenarbeit.

Training

Aufwärmen im Sport
von Jürgen Freiwald
(rororo sport 8642)

Prävention und Rehabilitation im Sport
von Jürgen Freiwald
(rororo sport 8626)

Lexikon Trainingslehre
herausgegeben von Ulrich Jonath
(rororo sport 7638)

Konditionstraining
von Ulrich Jonath / Rolf Krempel
(rororo sport 7038)

Circuittraining
von Ulrich Jonath
(rororo sport 7625)

Funktionsgymnastik
von Karl-Peter Knebel
(rororo sport 7628)

Krafttraining
von Helga und Manfred Letzelter
(rororo sport 7621)

Trainingsgrundlagen
von Manfred Letzelter
(rororo sport 7024)

Psychotraining für Sportler
von John Syer / Christopher Connolly
(rororo sport 8614)

Sportverletzungen
von Hans-Uwe Hinrichs
(rororo sport 8604)

Besser laufen
von Jack Heggie
(rororo sport 8664)

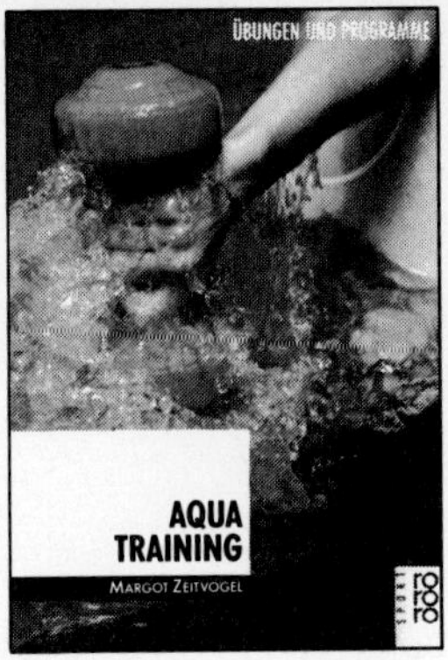

Aqua-Training
von Margot Zeitvogel / Erika Müller
(rororo sport 8698)

Handbuch Sportlerernährung
von Kurt-Reiner Geiß / Michael Hamm
(rororo sport 8672)

rororo sport

rororo sport wird herausgegeben von Bernd Gottwald. Ein Gesamtverzeichnis der Reihe finden Sie in der *Rowohlt Revue*. Jedes Vierteljahr neu. Kostenlos. In Ihrer Buchhandlung.

3420/2